○ 全 民 阅 读 · 经 典

人类神秘现象

（中国卷）

冯慧娟

编

吉林出版集团股份有限公司

图书在版编目（CIP）数据

　　人类神秘现象.中国卷/冯慧娟编. — 长春：吉
林出版集团股份有限公司，2015.6（2024.1重印）
　　（全民阅读·经典小丛书）
　　ISBN 978-7-5534-7590-5

　　Ⅰ.①人… Ⅱ.①冯… Ⅲ.①科学知识－普及读物
Ⅳ.①Z228

　　中国版本图书馆 CIP 数据核字 (2015) 第 119903 号

RENLEI SHENMI XIANXIANG ZHONGGUO JUAN

人类神秘现象（中国卷）

作　　者：冯慧娟 编
出版策划：崔文辉
选题策划：冯子龙
责任编辑：侯 帅
排　　版：新华智品
出　　版：吉林出版集团股份有限公司
　　　　　（长春市福祉大路5788号，邮政编码：130118）
发　　行：吉林出版集团译文图书经营有限公司
　　　　　（http://shop34896900.taobao.com）
电　　话：总编办 0431-81629909　　营销部 0431-81629880/81629881
印　　刷：北京一鑫印务有限责任公司
开　　本：640mm×940mm 1/16
印　　张：10
字　　数：130 千字
版　　次：2015 年 7 月第 1 版
印　　次：2024 年 1 月第 4 次印刷
书　　号：ISBN 978-7-5534-7590-5
定　　价：39.80 元

印装错误请与承印厂联系　　电话：18611383393

前言 | FOREWORD

　　在中国广袤的大地上，曾出现过多少非凡的自然奇观？悠悠华夏，上下五千年，先民们在为后人留下辉煌灿烂的文化遗产的同时，又留下了多少未解的谜团？日月并升的现象是如何出现的？越王古剑为何能千年不锈？神农架真的出现过"野人"吗？……

　　这些神秘现象受到国人乃至全世界对东方神秘文明充满好奇的人们的关注。对这些神秘现象的发掘、探究、破解和诠释，不仅能够获取知识，感受中华文明的神奇，还能最大限度地拓展人们的想象空间，给人们带来一窥真相的快感。

　　本书正是基于这样的出发点而编写的。我们结合科学界的最新研究成果和民间的最新发现，精选了一系列具有代表性的神秘现象，并将其分为"天文地理之谜"、"历史考古之谜"、"人体、人物之谜"三大部分。全书体例简洁，文笔凝练，图片丰富，装帧精致，期望您在茶余饭后、途中车

前言 | FOREWORD

上，通过阅览本书，轻松了解这些有趣的神秘现象。

　　当然，限于笔者水平，仓促成书间难免会有疏漏、不当之处，还请广大读者批评指正。

前言 | FOREWORD

在中国广袤的大地上，曾出现过多少非凡的自然奇观？悠悠华夏，上下五千年，先民们在为后人留下辉煌灿烂的文化遗产的同时，又留下了多少未解的谜团？日月并升的现象是如何出现的？越王古剑为何能千年不锈？神农架真的出现过"野人"吗？……

这些神秘现象受到国人乃至全世界对东方神秘文明充满好奇的人们的关注。对这些神秘现象的发掘、探究、破解和诠释，不仅能够获取知识，感受中华文明的神奇，还能最大限度地拓展人们的想象空间，给人们带来一窥真相的快感。

本书正是基于这样的出发点而编写的。我们结合科学界的最新研究成果和民间的最新发现，精选了一系列具有代表性的神秘现象，并将其分为"天文地理之谜"、"历史考古之谜"、"人体、人物之谜"三大部分。全书体例简洁，文笔凝练，图片丰富，装帧精致，期望您在茶余饭后、途中车

前言 | FOREWORD

上，通过阅览本书，轻松了解这些有趣的神秘现象。

当然，限于笔者水平，仓促成书间难免会有疏漏、不当之处，还请广大读者批评指正。

天文地理之谜

历史考古之谜

人体、人物之谜

天文地理之谜

中国的怪雨

往上"下"的雨：2004年7月的一天，一群游人在江西庐山游玩时，遇到了神奇的怪雨。这天早上晴空万里，阳光炽热，游人们兴致勃勃地向山上攀登。时至正午，一大片白色的云团从山脚缓慢上升。不多时，云团中传来隐隐雷声。由于游人已经爬到了半山腰，云团还在下方，所以人们清晰地感觉到雷声就来自脚下。忽然，一阵雨滴劈头盖脸地砸向游人。人们抬头观望，头顶的天空依然晴朗湛蓝，没有一丝云彩；俯瞰脚下，只见云团滚滚，势如千军万马，那雨丝正是来自半山腰的云团。为什么会产生这种现象呢？

气象专家解释说，庐山深谷中的水气在受热后，常会产生对流运动，形成一股强烈上升的对流云团，其中蕴藏了大量的雨滴。当气流"托举"雨滴的升力超过了雨滴的重力时，便会将雨滴往上抛洒，从而出现了天空无云却下雨的现象。

谷雨："天上掉馅饼"本是句笑谈，但是天上下谷物在古籍中却有记载。据史书记载，东汉建武三十一年（公元55年）的一天，今河南省开封一带突然乌云密布，狂风大作，大量的谷子与暴雨同时由天而降，撒满大地。此外还有，"顺治三年（1647年）5月，邱县雨麦"；"十二年（1656年）2月，渭南天雨米粟，平乐天雨荞麦"；"嘉庆十二年（1808年）春，黄坡豆雨"。

鱼雨：更有趣的是，在云南省金平苗族瑶族傣族自治县拉祜族乡古竹寨，发生过一场罕见的鱼雨。当时风势猛烈，满天乌云，雷电交加，大雨瞬间倾盆而下。人们发现数以万计的黑点随同暴雨由天而降，腥风阵阵，黑点掉到地下后，却是一条条活蹦乱跳的鲜鱼。半小时后暴雨骤停，天气放晴，当地居民欢天喜地，一文不花地随手捡来了不少鱼，为餐桌上增添了美味。

云雾笼罩的庐山

喊雨：它发生在四川省宝兴县和小金县之间的夹金山中。夹金山山势起伏，温差悬殊，天气变化非常快。当地牧民在炎炎烈日下放牧牲口时，如果想要解除疲劳和暑气，只需对着天空高声大喊，天上就会洒下纷纷的雨滴来。但是，一旦喊声停止，天空中的雨点便全都无影无踪，时隔不久，天气逐渐放晴，日出云散，一切如常。这种雨像"水龙头"一样，可随人心意、收放自如，真是方便极了。

3平方米内降雨之谜

在辽宁丹东五龙山游玩的人发现了一个奇怪的现象：明明是晴天，可只要走到离佛爷洞约20米远的两块面积3平方米左右的空地上，就能感觉到天空在下毛毛雨。这两块空地上都有树木遮蔽，人站在树下拍手或者说话声音大，雨就会越下越大，众人不由得惊呼神奇。

可晴天下雨的地方处于五龙山半山腰处，主峰高708.5米，海拔

晴天下雨的五龙山

300多米，两处下雨之地直线距离约7~8米，中间有一口不大的小古井，被称作"圣水井"。"圣水井"上方的佛爷洞经常有人去上香拜佛，"圣水井"与佛爷洞之间还供奉着"滴水观音"。据当地传说，"圣水井"的圣水可以治病祛灾。

景区工作人员在这里已经观察了一段时间，但到目前为止仍无法解释晴天下雨的现象。

有人提出：会不会是因为树叶上雾气比较重，上午形成露水，水滴掉下来就形成了晴天雨？为了验证这种说法，五龙山的工作人员经过连续几天的观察发现，整个白天树下都在不停地下雨。即使在下午，相对湿度特别小，树叶上没有水滴，雨滴仍会不停地往下飘。

晴朗无云的天空为何突降小雨？而且独独在这两个面积仅3平方米的小区域内？我们期待科学家们能尽快给出合理的解释。

日月并升之谜

　　如果你到素有天堂之誉的杭州旅游，恰巧在农历十月初一这天清晨登上离杭州82千米的海盐县南北湖风景区的鹰窠顶，或者登上与鹰窠顶仅有一二个河湾相隔的凤凰山，那么，你很可能会看到一个少见的奇景：日月并升。

　　农历十月初一早上7时许，只见钱塘江上一轮红日冉冉升起，不久便与下沉的明月重叠会合成一体，又并行上升，十几分钟后月亮便自行消失，一切恢复正常。人们记录到日月并升的时间最短为5分钟，最长31分钟，一般为15分钟。"日月并升"景象有四点令人称奇：其一，当太阳初出海面时，月亮随即跳出，并入日心；其二，旭日升上海面不久，月亮围绕着太阳跳跃，太阳被月亮遮住的部分光色暗淡，未被遮住的部分呈月牙状，并闪烁着金黄色的光彩；其三，太阳和月亮重叠为一体，同出海面时，太阳外围有血牙红或青蓝色的光环；其四，月亮在上，太阳在下，犹如一幅美丽的朝阳托月图。

　　按道理说，农历每月初一这天，月亮暗的一面朝向地球，加上太阳又很亮，所以即使月面受到地球反射光的照射，人在地球上用肉眼也是看不见月面的。既然如此，怎么会出现日月同辉的现象呢？

　　起先，有研究者认为，"日月并升"是一种日食现象。但有人查阅了中国天文年历后，发现"日月同升"发生的当天并无日食发生。有的学者认为，"日月并升"是一种光学现象。它类似于海市蜃楼，是湖

日月并升又称日月同璧、月印日心

面水气和云雾被太阳光照射后产生的幻影。

　　还有人认为，"日月并升"现象能形成主要是受到了大气"绿闪光"的影响。其原理是：太阳光于日出时进入大气层后，光线是由"光疏"介质传播到"光密"介质的。在这一过程中，直射阳光经折射分光而成绿紫色的光环。根据上述原理推断，"日月并升"现象就是由"绿闪光"引起的。

　　然而，如果说这是阳光折射产生的现象，却又无法解释这种现象只在农历十月初一出现，并且只在钱塘江畔的两座小山上可以看见的问题。看来，这又是一个存疑，有待科学家的进一步观察与研究。

"世界屋脊"在迁移？

　　青藏高原位于中国西南边陲，平均海拔在4000米以上，享有"世界屋脊"和"地球之巅"的美誉，常被科学家们与南极、北极相提并论，称为地球的第三极。如今，科学家通过GPS卫星定位系统惊奇地发现，这个世界上最年轻的高原竟然以每年7～30毫米的速度整体向北和向东方向移动。根据专家们的最新研究，青藏高原南部的拉萨地块以每年约30毫米的速率向北东38°推移；中部的昆仑地块以每年平均21毫米的速率向北东61°推移；而再向北的祁连山地块，以每年7～14毫米的

布达拉宫——青藏高原上的明珠

速率向北东约80°推移。尽管这种推移只以毫米计算，但作为地质变化来说，这个移动速度可以说是不可小视的。那么，是什么原因造成这种移动？它会给地球和人们的生活带来什么样的影响呢？

据科学家推测，比较重要的因素是印度洋板块向北运动引起挤压，除此以外还有地幔动力、地热等多方面的因素。中国科学家赵文津从球面数学的角度出发，对移动的原因进行了解释。他认为，处于高纬度的两个相邻地块分别沿其重心所在经度线向低纬度做南北方向的离极运动时，由于经度线间的距离不断增大而逐渐相互分离；反之，处于低纬度的不相邻两个地块，分别沿其重心所在的经度线向高纬度做南北方向的向极运动，由于经度线间的距离不断减小而逐渐相互靠近。这些因素综合，最终导致青藏高原向东移动。

如果青藏高原一直运动下去会怎么样呢？是否会产生新的地形地貌？它会给这个地区乃至整个中国大陆的生态和气候环境带来什么变化？

专家说，这个问题太复杂了，不能轻易地定论。从板块移动的角度来说，喜马拉雅山就是印度洋板块和亚欧板块底部相互挤压形成的。如果板块向东向北移动，肯定会对喜马拉雅山的高度产生影响。至于这种缓慢的移动对于气候的影响，应当把它放在一个很长的气候年代里去表述，短期内是观察不到什么变化的。

由此看来，青藏高原的移动究竟会对环境乃至人类的生活产生什么样的影响，在一段时间之内还将是一个未解之谜。

珠穆朗玛峰变矮之谜

　　被誉为地球第三极的珠穆朗玛峰高8848.86米，是世界第一高峰。由于处于印度板块与亚欧板块的碰撞地带，珠峰每年依然在以1厘米的速度"长高"。这也许正是我们从小学就学到的有关珠穆朗玛峰的标准描述。然而最近我国科学家却发现，令人敬畏的世界之巅居然在持续下降。这让所有的人大吃一惊！1992年，科学家所测得的珠峰雪面高度的最终计算值是8849.04米，而1999年第五次观测的结果则下降为8848.45米。2005年，国务院发布了最新的珠峰重测结果，为8844.43米。难道珠峰真的"变矮"了吗？如果是又是什么原因造成的呢？

　　有科学家提出，全球气温上升，加速了珠峰顶部的积雪由雪到冰的转化，冰川的密实化过程加快，从而导致冰面降低。

　　"密实化"是指一个积雪转变为冰层的过程。它有两种物理机制：一种是在气温高的情况下，雪在白天化成水，晚间气温降低，再变成冰；另一种就是雪层不断变厚，底层雪在不断增加的压力之下变成冰。科学家认为，珠峰峰顶常年温度都在0℃以下，所以绝对不可能是降雪先溶解成水再冻成冰。珠峰顶部积雪的密实过程无疑是第二种。虽然珠峰峰顶的积雪不会融化成水，但气温升高仍可以加速密实化过程，而变成冰时其厚度是减小的。

　　但是，积雪密实过程中其实有很多细节说不清楚。比如，温度升高时到底有多少雪融水的残余，就无法观测计算，一点没有融化的干雪

珠穆朗玛峰

和略有融化的湿雪的压实过程也并不一样。

　　负责最近这次测量的科学工作者认为，8844.43和以前的8848.13相比并不能说明珠峰在这30年间变矮了。1975年测量珠峰时并没有相关仪器能准确测得珠峰顶上的雪深，当时得到的雪深数据是0.92米。而最近这次测量，科学家们运用了最先进的雪深雷达探测系统，测得雪深为3.5米。另外，海平面高度、气候条件、地质结构等都在30年里发生了很大变化，这都会影响测得的最后高度。同时，测绘技术也发生了巨大变化，从天空到地面的测绘技术都和世界最先进的技术接轨。这些技术条件让今天得出的结果更接近珠峰的真实高度。因此，并不能绝对地说珠峰变高了还是变矮了。

罗布泊 "游移" 之谜

　　罗布泊位于新疆维吾尔自治区塔里木盆地东部，面积约3000平方千米，是我国仅次于青海湖的第二大咸水湖。据史书记载，罗布泊曾经是新疆南部一个最大的淡水湖泊。在历史上，它曾接纳从塔里木盆地流来的"众河之水"。但是后来由于塔里木河多次改道以及气候的变化，罗布泊成为环境险恶的沙漠。由于河水改道和水量变化，不少学者认为罗布泊是个游移不定的湖泊，究竟是不是这样呢？

　　早在19世纪70年代，俄国人普热瓦尔斯基曾到塔里木河下游进行考察，他在罗布泊西南发现了一个湖泊，并认为是罗布泊游移到了喀拉和顺。从此，罗布泊就被冠以"游移湖"的称号。1900年，瑞典探险家

塔里木盆地干涸的湖泊，留下大片白色的盐霜

斯文·赫定千里迢迢来到罗布泊考察。
1928年他再度来考查时，看到原来干涸
的罗布泊一片汪洋，便认为是湖水北迁
的结果。回国后，他向世界宣布，罗布
泊是一个会移动的湖，从此引来了百年
的争论不休。

从前的罗布泊一片汪洋

斯文·赫定认为，罗布泊是按照一
定的时间规律，在塔里木盆地湖区间来
回游移的。当时的喀拉和顺湖就是南移的罗布泊。他认为，主要是气候
的周期性吹蚀导致了罗布泊的来回移动。之后，很多科学家也成了这一
理论的追随者。1906年，美国人艾·亨丁顿提出了"盈亏湖"的理论；
1931年，中国学者陈宗器也提出了"交替湖"的观点；1953年和1955
年，两位苏联学者先后发表论文，论证罗布泊是个游移湖等。这些理论
虽然各不相同，但都认为罗布泊会移动。这似乎成为了一个定论。

然而，"游移湖"的理论还是没有能够说服所有人。20世纪80年

罗布泊荒凉的戈壁滩

代，中国的科学家相继从不同侧面论证了"罗布泊不是游移湖"。他们认为，罗布泊由于受湖盆内部新构造运动和入湖水量变化的影响，在历史上常出现积水轮廓的大小变动。此种变动本来是一种自然的历史演变过程，却被认为是时而向东，时而向西，时而迁走的游移湖或交替湖。根据中国科学院新疆综合考察队地貌组对罗布泊进行实地调查所得的资料和卫星照片分析，罗布泊并不是什么游移湖或交替湖。罗布泊从第四纪以来就始终没有离开过罗布泊洼地，只是在自己的"故乡"内进行涨缩变化。所以说，游移说是不切实际的推断。

　　罗布泊究竟会不会移动？众多学者观点不一。如今，罗布泊依然还是个神秘的危险之地，这个"移动"之谜也成了科学家、探险家继续探索和研究的焦点。

钱塘涌潮之谜

　　我国历史上最著名的涌潮有三处：山东青州涌潮、广陵涛和钱塘潮。"八月十八潮，壮观天下无。"这是北宋大诗人苏东坡咏赞钱塘潮的千古名句。千百年来，钱塘江以其奇特卓绝的江潮，倾倒了不知多少游人看客。为什么钱塘秋潮如此壮观而又如此准时呢？这是许多人很自然就能想到的问题。

　　钱塘潮如此之盛，主要是由其独特的地理条件所致。钱塘江外是杭州湾，它外宽内窄，外深内浅，是一个非常典型的喇叭状海湾。出海口江面宽达100千米，往西到澉浦，江面骤缩到20千米。到海宁盐官镇一带时，江面只有3千米宽。起潮时，宽深的湾口，一下子吞进大量海

钱塘涌潮

水。由于江面迅速收缩变窄变浅，夺路上涌的潮水来不及均匀上升，便都后浪推前浪，一浪更比一浪高。到大夹山附近，又遇水下的巨大拦门沙坝，潮水一拥而上，掀起高耸惊人的巨涛，形成陡立的水墙，酿成初起的潮峰。

除此之外，钱塘潮的形成还有一些其他原因。浙江沿海一带，夏秋之交，东南风盛行，风向与潮波涌进的方向大体一致，风助潮势，推波助澜；潮波的传播在深水中快，在浅水中慢，而钱塘江由深变浅的特点极为突出，这种特殊条件，能使后浪很快赶上前浪，层层巨浪叠加，形成潮头。此外，潮涌与月亮、太阳的引力也有关。东汉思想家王充在《论衡》中说："涛之起也，随月盛衰，小大满损不齐同。"因为在农历每月初一和十五前后，太阳、月亮和地球排列在一条线上，太阳和月亮的引力合在一起吸引着地球表面的海水，所以每月初一和十五的潮汐就特别大。而农历八月十八前后，是一年中地球离太阳最近、引力最大的时候，此时出现的涌潮，自然也就最猛烈。

海宁观潮

古平原能否浮出水面？

渤海是中国的一个内海，位于辽宁、河北、山东、天津三省一市的怀抱中，是个半封闭的大陆架浅海。其面积约7.7万平方千米，平均水深约18米，最深处也不过100米左右。

20世纪70年代初，一块从渤海海底捞起的骨头引起了考古学家的注意。经过仔细研究，这块毫不起眼的骨头被确认为披毛犀的牙齿。披

渤海上的石油钻井平台

繁忙的天津港

毛犀身披褐色粗毛，鼻子上长着两根短角，生活在寒冷的苔地平原或是草原上。渤海海底发现的披毛犀牙齿，使学术界对渤海的过去有了新的认识，并且开始了对渤海地形地貌的历史研究。人们认为，渤海在遥远的过去曾是一块裸露的大陆，因为陆生的披毛犀是无法在海水中生存的。古生物学家认为，可能在晚更新世纪末期，距今10000年前，生活在北方的披毛犀到达渤海古陆并向南迁移。

据此，人们推测，在距今10000年前，由于冰川范围的扩大，原先最深处也不过80米的渤海平面一下子下降了100～150米。渤海地区因此一度完全裸露成陆地，形成了一片平坦的大平原，成为许多动物的家园。后来，渤海古陆平原再次沉入了海底。这是因为当时全球气候变暖，冰川融化，海平面大幅度上升，渤海平原逐渐被水淹没，曾在渤海平原上奔腾不息的黄河、滦河和辽河，也随着海水重新浸入渤海古陆，成为渤海的一个组成部分。

近年来，渤海海平面变化的问题又引起了人们的关注。人们对于渤海海平面的升降，各持不同看法。有人说，海平面会上升，部分陆地会被淹没。也有人说，海平面会下降，渤海平原会再次出现。两种说法都有支持各自观点的理由。

据《滦州志》记载，1820年渤海西部的一个较有名的小岛——曹妃甸的面积约8平方千米。到1925年之后，潮水和海浪不断地冲击小岛，大片土地没入海中。如今，曹妃甸已基本沉入海内，找不到踪影了。然而，黄河口的情形却截然相反。从1855年以来，岸滩不断拓宽、淤高，潮间带的宽度，每年拓宽数十米，久而久之就形成了1300多亩新土地。在渤海湾及莱州湾，由于许多来自黄河的泥沙不断沉积，海岸线也不断向海中淤涨。

如今的渤海，由于各方面条件错综复杂，变化也神秘莫测。其海岸线有进有退，而渤海的面积则完全与之相反，并且这种完全相反的变化还将继续下去。那么，我们不禁要问，昔日繁盛的渤海古陆大平原，还会重新露出海面吗？

太湖成因之谜

　　美丽的太湖是中国五大淡水湖之一，水面达2400平方千米。太湖水域形态宛如佛手，以其蕴藏的丰富资源养育了一代又一代的"吴越"人民。历代文人墨客更是为之陶醉，留下了许多脍炙人口的诗篇。太湖风光秀丽，物产富饶，但关于它的成因，直到今天还是谜。

　　20世纪初，中国地理学家丁文江与外国学者登施丹认为，是长江淤积导致了太湖形成。地理学家竺可桢与汪胡桢等则提出了以后广为流传的"泻湖成因论"，即太湖经"海湾—泻湖—湖泊水网平原"的演

太湖

变模式而形成。近年来，随着对太湖地区地质、地貌、水文、考古和相关文献资料等方面的研究，对太湖成因的探究已有了新发展。有人对"泻湖论"中所存在的问题提出质疑，认为在海水深入古陆腹地的过程中，虽然一边冲刷，一边沉积，但这种情况对于整个古陆地来说是不平衡的，有的地方确有泻湖地貌的沉积，但它不具有整体意义。可是人们在翻阅北宋古书《吴中水利记》时，发现书中记载：北宋神宗八年（1075年），太湖发生大旱，水位下降到以往没有过的位置。这时人们发现，湖边数米干涸的湖底上，竟露出了古代居民留下的坟墓和街道，一根根已近腐烂的树桩仍立在湖中。人们还在太湖湖底找到了距今6000~10000年前古人类石器时代的遗址。于是，又一种假说出现了：6000~10000年前，太湖地区是一片平原，人们曾在这里生活和居住。由于地势较低，终于积水成湖，人们还没有来得及搬走就被洪水淹没。

　　太湖的"平原淹没说"还没有得到更多响应，又一种成因说出现了。最近，一批年轻地质工作者用全新的观点解释了太湖的成因。他们认为在遥远的古代，曾有一颗陨石自天外飞来，正好落在太湖一带。也就是说，偌大的太湖竟是陨石砸出来的！他们估计，这颗陨石对地壳造成的强大冲击，其能量相当于几十亿吨炸药。

　　目前，对于太湖的成因还没有形成统一的认识，但所有这些不同的观点，都有助于推动人们进一步的调查和研究。相信不久的将来，人们一定能揭开扑朔迷离的太湖成因之谜。

西湖的前身是海湾吗？

"欲把西湖比西子，淡妆浓抹总相宜。"可与古代四大美女之一的西施相媲美的西湖，究竟是怎样形成的？至今，学术界仍众说纷纭。而弄清西湖的成因，对西湖的现在和未来的发展都有重要价值。

一种说法认为，西湖是筑塘而成的。1909年，日本地质学者石井八万次郎提出：西湖是火山爆发，岩浆阻塞海湾而成为湖泊的。中国著名科学家竺可桢通过详细的实地调查研究，认为西湖是一个泻湖，否认

杭州西湖

了石井八万次郎的推断。他认为，西湖本为海湾，后由于江湖挟带泥沙在海湾南北两个岬角处（即今吴山和宝石山）逐渐沉淀堆积发育，最后相互连接，使海湾隔绝大海而形成泻湖。学者林华东对众多研究者所主张的"西湖是因为东汉华信筑塘成功后才形成"的说法提出质疑，认为倘确有华信筑"防海大塘"，其功能应是防御海潮冲击吞没陆地的捍海塘，但这并不能理解为华信在吴山与宝石山之间建起一条拦洪蓄水大坝，从而促使西湖的形成。

虽然目前人们还不清楚西湖的成因，但相信随着研究的深入，科学家们一定会给出一个令人满意的答案。

金沙江大拐弯之谜

　　金沙江是长江的上游，和怒江、澜沧江等一样在青藏高原东北部发源，然后几乎平行地一齐向南流淌，在青藏高原东侧切成几列深邃的平行河谷。而在河谷之间，就是一条条大致平行的高山，这就是中国有名的横断山脉。在这三条河流中，金沙江最靠东边。

　　起初，金沙江也是由北向南流的，可是当它流经云南省的石鼓村北时，江流突然折转向东，而后又转向北，差不多来了一个180°的大拐弯。金沙江流过石鼓村以后，坡度骤然加大，江水在只有几十米宽的

金沙江大拐弯

深谷中呼啸奔腾。大江两岸一边是玉龙雪山，一边是哈巴雪山，从江底到峰顶落差3000多米，形成世界上最壮丽的峡谷——大名鼎鼎的"虎跳峡"。千百年来，这"万里长江第一弯"曾使许多到过这里的旅行者迷惑不解，就是世世代代居住在江边的居民们，也弄不清它到底是怎样形成的。

科学工作者通过对金沙江的河流形态进行深入研究，提出了下面一些推断：

一种比较流行的看法是，从前金沙江并没有今天的大拐弯，而是和怒江、澜沧江等一起并肩南流。就在金沙江与伙伴们一起南流时，它东边不远的地方还有一条河流由西向东不停地流淌，叫"古长江"。急湍的古长江水不断地侵蚀脚下的岩石，也不断向西伸展。终于有一天，它与古金沙江相遇了。它的地势比起古金沙江要低得多，于是滔滔金沙江水受到古长江谷地的吸引，掉头向东。于是，金沙江就成了长江的一部分。这种现象在地貌学上有一个名词，叫"河流袭夺"。也有人不同意这种看法，认为这里根本就没有发生过古长江与古金沙江相互连通的河流袭夺事件。今天的金沙江之所以会有这样奇怪的拐弯，只不过与当地地壳断裂有关。

可是，大拐弯发生在几十万年以前甚至更早，也没人亲眼看见过长江是怎样把金沙江袭夺去的。另外，年代又那么遥远，不管袭夺也好，还是沿着断裂带流淌也好，当时留下来的遗迹已被风雨侵蚀得面目全非了。所以，这两种意见争论多年，直到今天仍然没有达成一致。

海滩古井为何清泉不绝?

　　中国广东省南澳岛的浅海滩有一口神秘的古井。古井用花岗岩条石砌成，口径约1米，深约1.2米。在这样一片连接滔滔大海的海滩上，怎么会有这样一口古井呢？尤其令人不解的是，尽管古井常常被海浪、海沙淹没，但一旦显露，井泉仍奔涌不息。尽管四周是又咸又苦的海水，古井涌出的水却质地纯净，清甜爽口。

　　据《南澳志》记载，1277年冬，元兵大举入侵南宋。南宋大臣陆秀

南澳岛

夫、张世杰等护送年仅11岁的皇帝赵昺和杨太后等仓皇南逃。他们乘船登上南澳岛，修建行宫，挖掘了水井。但不知为何，人们后来见到行宫遗址，却不见水井的影子。1962年夏，当地一个青年在海滩上发现了一口水井，并在井石四角的石缝中捡到了四枚宋代铜钱。经有关部门考察分析，发现古井所在的海滩原是滨海坡地，后因陆地下沉形成海滩。古井也就被海沙吞没了，难以被人发觉。但当特大海潮袭来，惊涛骇浪卷走大量沙层后，古井便会显露。这种露井现象，自1962年后又出现过几次，并且都是在强台风掀起罕见的大海潮之后。

古井井水并非咸水或半咸水。即使将苦咸的海水倒入古井，一会儿之后，井水依然纯净甘甜，令人称奇。有人分析认为，当雨水降落在

南澳岛宋井近照

地表后，一部分渗入地下。由于古井所处的海滩地势较低，渗入到地下的水便向古井海滩汇集。一旦井露，地下水就有了出口，在水位差的压力作用下，地下水就会在井底形成泉涌之势。同时，因为古井底质为沙，沙的孔隙中的水质点较为稳定，淡水和咸的海水混合得非常缓慢，海水比重大于淡水，所以淡水可以浮在海水表面。

但古井水质异常纯净的问题仍给人们留下了疑问。有人用测量表测得古井水比当地的自来水还要纯净。古井水贮藏上千年而不腐，这又如何解释呢？

阅读分享　趣味测评　图文资讯　拓展视频

微信扫码

冬暖夏凉的怪井之谜

北魏科学家郦道元在《水经注》里曾描述雾灵山夏天山崖积冰的现象，而今天河北省兴隆县九龙潭风景区一口冬暖夏凉、散发着神秘气息的井，印证了这一奇特的现象，这就是天下奇观"太极八卦井"。

该井深8米，是一口枯井。严冬近观，温润扑面，暖人心房；远看则云雾氤氲，游人至此，如临仙境。而在炎炎夏日，井水反而凝寒结冰，凛凛寒风从井中吹出，满院生凉。这口"怪井"有着怎样的奥秘呢？

1987年8月，兴隆镇农民于忠庭为解决饮水问题，在自家的庭院里打了一口井。井打到8米多深的时候，还没有打出水来，他却发现井底纵向开着一个洞穴，拳头大的石头扔进去，很长时间后才能听到回音。他想把井用水泥筑起来，准备当水窖使用时，来帮忙的村民于广军在此过程中发现了一个奇怪的现象：外面酷暑炎炎，在井底搅拌的水泥却很快凝固了，根本抹不动；又隔了一夜，水泥表面竟结了一层冰。于忠庭老人把家里的啤酒和细肉放进井里，一天一夜之后，10瓶啤酒有7瓶被冻裂了，肉也冻得邦邦硬。到了冬天，这口井又有了新"情况"：缕缕白

九龙潭的太极八卦井

烟从井口袅袅冒出，仿佛炊烟，近前一看，原来是从地下冒上来的热气。一来二去，这口井便笼上了一层神秘的面纱，还被人称做"太极八卦井"。

地质专家通过对双林村及井周围山谷的观测发现，井周围山体的岩体不同，并且还存在许多断层。地质专家又勘测了井所处的位置：井东西北三面环山，形成了一个簸箕似的洼地；井所在的洼地正好处在断层的地方；井的西边是火山岩侵入的地方，形成火山岩；东边为沉积岩，中间通过井的一带又是一个大的断层破碎带。火山岩起到了阻水的作用，而石灰岩的裂隙，又发育了地下裂隙水，能补给石灰岩。井的北面和下面的松散物质厚度大，具有很多空间，中间有缝隙，这些缝隙连通在一起能延伸到比较远的地方，有良好的导热导水性。更重要的是，井下的那个洞一定有很强的导热导气性，它把很远处的冷空气或热气带过来，造成井底奇特的温度现象。

至于为什么有了个洞，井底就夏天结冰，冬天热气腾腾，那还需要收集分析多年的温度数据，才会有最终的答案。我们期待着，专家通过进一步研究，早日揭开"怪井"之谜。

鸣沙山鸣沙之谜

大自然并不安静，时时处处充满了美妙的音响——风声、雷声、雨声、流水声——所以人们将最美妙的歌声称为"天籁之音"。不过，你知道沙子也会发出鸣叫声吗？在著名的敦煌鸣沙山，就有这么一大片不同寻常的沙子。

鸣沙山，位于甘肃敦煌市南郊7千米处，面积约200平方千米，沙峰连绵起伏，山体金光灿灿。最奇特的是，当人从鸣沙山山巅顺陡立的

鸣沙山

鸣沙山下的月牙泉

沙坡下滑时，耳边就会响起奇妙的鸣声，初如丝竹管弦，继若钟磬和鸣，进而金鼓齐奏，轰鸣不绝于耳。自古以来，由于人们不明白鸣沙的原因，而产生过不少动人的传说。相传，这里原本水草丰茂，有位汉代将军率军西征，一夜遭敌军偷袭，正当两军厮杀难解难分之际，大风骤起，刮起漫天黄沙，把两军人马全都埋入沙中，从此就有了鸣沙山。而至今犹在的沙鸣则是两军将士的厮杀之声。

传说只是传说，这里的沙子到底为什么会"鸣"呢？这个问题使人困惑。

一些学者认为，沙粒涂上一层薄薄的钙镁化合物，在大量的沙相互摩擦时，就会产生类似用琴弓沿着提琴琴弦奏出乐曲一样的声音。还有的研究者认为，鸣沙的基本原理是空气在沙粒之间的运动。当沙粒滑动时，它们之间的孔隙一会儿扩大，一会儿缩小；空气一会儿钻进这些孔隙，一会儿又被挤出这些孔隙，因此便产生振动而发声。

苏联科学家马里科夫斯基认为每个鸣沙沙丘的内部，都有一个密集而潮湿的沙土层，它的深度是随雨水多少而改变的。夏季，潮湿层较深，它被上面干燥的沙土层全部覆盖起来，潮湿层的底下又是干燥的沙土层，这就可能构成一个天然的共鸣箱。当雪崩似的沙粒沿着斜坡倾泻下来时，干燥沙粒的振动波传到潮湿层，就会引发共鸣——像乐器的共鸣箱一样，使沙粒的音量扩大无数倍而发出巨大声响。

中国学者马玉明认为，鸣沙的"共鸣箱"不在地下，而是在地面上的空气里。他认为鸣沙的发生需具备三个条件：一是沙丘高大且陡；二是背风向阳，背风坡沙面呈月牙形；三是沙丘底下有水渗出，形成泉或潭，或有大的干河槽。他还提出，由于空气温度、湿度和风的速度经常在变化，不断影响着沙粒响声的频率和"共鸣箱"的结构，再加上策动力和沙子固有频率的变化，鸣沙的响声也经常变化。

虽然许多科学家对"鸣沙"的成因提出了各种见解，但是"沙子"为什么会"鸣"至今也没有一个能令多数人均信服的答案。

奇妙的风动石之谜

　　福建省东南部的东山岛，古称铜山，是著名的海滨风景区。东山岛的岛上有一块奇石——风动石，被誉为"天下第一奇石"。

　　风动石，位于铜山古城东门海滨。石高4.73米，宽4.57米，长4.69米，重200吨，外形像一只雄兔，斜立于一块卧地盘石上，两石吻合点仅有几厘米见方。当海风从台湾海峡吹来的时候，强劲的风流会使风动石微微晃动，让人觉得岌岌可危；海风停后，风动石也随之平稳如初。人力也能晃动风动石。如果找来瓦片置于石下，选择适当的位置，一个人就能把这硕大的奇石轻轻摇动起来。此时，瓦片"咯咯"作响，顷刻化为齑粉。

　　1918年2月13日，东山岛发生7.5级地震，山石滚落，屋倒人亡，但风动石却安然无恙。"七七事变"后，日军企图搬走风动石，日舰"太

风动石

和丸"用钢丝索系着风动石,开足马力,可多条钢丝索被拉断了,风动石却纹丝未动,日军只得放弃这一企图。

人们对这块风动石的成因众说纷纭。一种说法认为它是天外来客,也就是陨石,自太空坠落在此地,山体经长期风化,这块石头却变化甚微,所以才有现在的状态;另一种说法是,这块石头早已滚落于此,经地质变化,石下的山体形成断崖,形成了现在这种巨石悬于崖边的情形。但这块奇石到底是怎样形成的,至今没有一个令众人信服的解释。

古建筑抗灾之谜

　　我国的古建筑有很多难解之谜，特别是在抗灾性能上更令现代科学家叹为观止。

　　天津市蓟县有一座独乐寺，其中观音阁的柱子是一截一截叠起来的。清康熙年间这里曾发生一次8级地震，1976年它附近又发生唐山大地震。这两次地震使许多建筑毁于一旦，而这座观音阁却安然无恙。

　　浙江宁波市洪塘镇北的保国寺，历经千年风雨，经受多次台风袭击和地震考验，迄今岿然不动。更为奇妙的是，它不为虫蛀，不为鸟宿，连苍蝇、蜘蛛都不光顾，实为古代建筑的珍品。

　　50多年前，山西省灵丘一带曾发生一场震中裂度为9度的地震，各种建筑物皆倒塌，唯有位于应县震区、高达67米的佛宫寺释迦塔丝毫无损。前几年，应县一带发生5～6级地震。1998年张家口地震又波及应县，释迦塔仍像没事儿似的。1926年，山西军阀混战，约有200发炮弹击中了它，仍然没有损坏它。更为神奇的是该木塔可以避雷防火。历史上的好多木塔曾毁于雷击，葬身火海，而该木塔却经受住了无数次特大雷击，没有任何损坏。如果是其他木质建筑，早就化为灰烬了。

　　更令人不可思议的是，从1487年到1721年，由于多次地震，西安小雁塔有过"三裂三合"的神奇经历。第一次是明成化末年，长安地震，土裂尺许。正德末年，地再震，塔却一夕如故。第二次是明嘉靖乙卯年地震，塔裂为二；癸卯年复震，塔合无痕。第三次是清康熙辛未年震，塔又裂，辛丑年复合。史料所记载的这6次地震中，有几次是破坏性极强的。如1555年关中8级大地震，死亡83万人，波及19个省，曾出现山崩地裂、城镇陷落的惨剧，却唯有位于地震区的小雁塔屹立不倒，这令人百思不解。

中国古建筑神奇的抗灾功能，不仅引起了中国科学家的兴趣，也一直是全球考古学家和建筑学家关注的焦点。遗憾的是虽然研究者们提出了种种假说，如建筑结构说、地质结构说、地理环境说等，但均是一家之言，不能信众，因而这个问题至今没有定论。

应县木塔

神奇的"香地"

相传清乾隆皇帝有个香妃，身体能够自然散发出诱人的芳香。最近，人们又发现了一块神奇的"香地"。这块"香地"同样能够自然飘香。

这块奇妙的"香地"位于湖南省洞口县山门清水村西北方约2千米远的山腰上的一块凹地处，那里群山环抱，人迹罕至，上边是悬崖峭壁，下面是潺潺的小溪。

据说，一位采药的山民经常到这座山中采药。一天，他恰巧路过此地，觉得有一股奇妙的香味扑鼻而来，顿时感到非常好奇。为了寻找香味的源头，他查看了这里所有的花草树木，均不得香气源头。最后，他发现香味不是来自任何花草树木，而是来自脚下的土地。土地竟然会发出这种奇妙的香味，真是太不可思议了。

山民发现香地的消息传开后，人们纷纷来到这里一探究竟。人们发现，这一奇特的香味仅局限在方圆50米的范围内，只要越出这香地一步，香味顷刻间就闻不到了。细心的人们还发现，这里的香味随气温的变化而变化：早晨露水未干时，香味显得格外浓郁，让人非常陶醉；骄阳似火的中午，则变得微香，这时香味又有另一种风趣；黄昏、天阴或雨过天晴时，香味会渐渐变浓。

香味产生和变化的原因是什么呢？

有关专家实地考察后认为，这种香味可能是由这里地下所存在的一种微量元素引起的，当这一微量元素放射出来同空气接触后，就会形成一种带有香味的特殊气体。但是对于这样的解释，人们并不信服。香地缘何飘香，至今还是一个难解的谜。

能预测天气的"神地"

　　在中国四川省石柱土家族自治县五斗乡的大风门半坡上，有一块面积约10平方米的神奇土地。这块土地远看好似人形的红沙地坝。自古以来它上面就没有生长过任何植物，但却能随天气的变化而发生颜色的变化：晴天呈白色，阴天呈淡红，雨天为深红色。当地人把这一奇异现象称为能预测天气的"红人"或"神地"。方圆十里的农民都以这块土地的颜色变化为依据来预测天气、安排农活，几百年来竟没有出现过任何差错。

　　然而，令人疑惑的是，这块"神地"的颜色为什么会随天气的变化而变化？对其变化原因人们仍在探寻之中。

"不劳而获"的宝地

　　人们常说："没有播种就没有收获。"但在长江西陵峡中却有一块不用播种也能收获油菜籽的神奇土地。这块土地面积约为300平方千米，位于中国湖北省兴山县香溪口附近。这里是王昭君的故里。每年冬天，当地人都会将山坡上的杂灌木砍倒；到了春天用火将草木烧掉，待几场春雨一洒，地上就能生长出碧绿的油菜。过不了多久，漫山遍野便

野生油菜

开满了金黄色的油菜花。

据当地一位七十多岁的老农说，1935年这里发生了山洪，坡上的树被连根拔走，可第二年春天坡上照样长出野生油菜。据了解，这里方圆20多个村庄的人家，每户每年都可以收获野生油菜籽六十多千克，基本上能满足一家的生活用油。当地人传说：昭君姑娘出塞前曾在此采药，种下菜籽，并嘱咐"连发连发连年发"，所以野生油菜才"野火烧不尽，春风吹又生"。

但传说毕竟不等于科学，不少农业专家和植物学家曾对此地做过考察和研究，但依然没能科学地解释这个大自然的奇迹。

阅读分享　趣味测评　图文资讯　拓展视频

微信扫码

令人却步的黑竹沟

在四川省西南边上的小凉山区，360里林海深处蕴藏着一个神秘的黑竹沟。黑竹沟在当地被称为"斯豁"，即死亡之谷。当地人谈起黑竹沟，都能说出一些神秘的历史事件来：比如说解放初期，解放军三个侦察兵从甘洛县方向进入黑竹沟，仅排长一人生还；1955年解放军某部测绘队在黑竹沟一带派出两名战士购粮，途经黑竹沟失踪，后来只发现二人的武器；1976年，四川森堪一大队三名队员失踪于黑竹沟，政府发动全县人民寻找，三个月后只发现三具无肉的骨架……这些人神秘失踪的事件，使黑竹沟显得更加神奇莫测，被人称为"魔沟"。

人畜进入黑竹沟虽屡屡出现失踪和死亡事件，可人进去后是怎样失踪的，至今还是个谜。自1951年至今，川南林业局、四川省林业厅勘探队、部队测绘队和彝族同胞曾多次在黑竹沟遇险，其中3死3伤，2人失踪。据当地彝族长者介绍，1950年，国民党胡宗南残部30余人，仗着武器精良穿越黑竹沟，入沟后无一人生还。因此，这里留下了"恐怖死亡谷"之名。

当地彝族有这样的说法流传：死亡谷最险地段——石门关上部开阔的谷地便是他们祖先住过的地方，"祖训"不能入内，否则会遭灾。石门关是黑竹沟的腹地，曾有不少探险队历尽艰辛，最终也未能深入这块险恶地带。当地有"猎户入内无踪影，壮士一去不回头"的传说。

黑竹沟由于山谷地形独特，植被茂盛，加之雨量充沛，湿度大，山雾便成为这里的特色，因此这里经常迷雾缭绕，浓雾紧锁，阴气沉沉，神秘莫测。此处的山雾千姿百态，清晨紫雾滚滚，傍晚烟雾满天，时近时远，时静时动，忽明忽暗，变幻无穷。

　　据当地彝胞讲，进沟时不得高声喧哗，否则将惊动山神，山神发怒会吐出青雾，将人畜卷走。考察者分析，人畜入沟死亡失踪的原因，迷雾的可能性很大。人进入这深山野谷的奇雾之中，地形又不熟，很难逃脱这

石门关

死亡谷的陷阱。当地人和考察者总结出这样一个顺口溜"石门关，石门关，迷雾暗沟伴深潭；猿猴至此愁攀缘，英雄难过这一关"。但这里的雾为什么这样变幻莫测？为什么会导致伤亡？雾气会不会含有其他成分？这些仍有待人们进一步研究。

"魔鬼三角地带"之谜

　　茫茫大西洋上有一个著名的"百慕大魔鬼三角地带"，常使船沉机坠。鄱阳湖北部的老爷庙水域，也有一处让当地渔民船工闻风丧胆的"魔鬼三角地带"。船只行驶到这里经常莫名其妙地停机、沉没。这片水域位于鄱阳湖区的江西省都昌县，南起松门山，北至星子县城，全长24千米。湖的东岸上有一座破旧的庙宇，叫老爷庙，谁也说不清这庙建立的确切年代。相传，元末，朱元璋与陈友谅在鄱阳湖展开决战。一次，朱元璋失败逃亡，遇上一位老神仙。老神仙便派遣一只乌龟将朱元

鄱阳湖边的老爷庙

璋救至老爷庙。朱元璋从此时来运转，后来终于打败了陈友谅，当上了皇帝。为了感谢救他一命的乌龟，朱元璋便在湖岸边的高地上建起一座庙宇，称"老爷庙"。水域就是由此得名的。

当地人敬畏神仙，船行此地，便站在船头，遥望着老爷庙，用鸡血祭祀乌龟。据说，不宰杀公鸡或不烧香拜佛者，都会遭到船没人亡之灾。然而任凭渔民船工们怎样祭祀，他们总也逃不掉被湖水吞噬的悲惨命运。新中国成立后，虽然航运条件有了很大的改善，但沉船事故仍时有发生。仅从20世纪60年代到80年代这20年间，这里就沉没了大小船只几百艘。谁也不知道究竟是什么力量让这里变成人人谈之色变的"鬼门关"。

20世纪70年代中期的一天，有人在黄昏时看到鄱阳湖西部地区天空中有一块圆盘状的发光体在游动，长达八九分钟之久。当地人曾将此情况报告给上级有关部门，但他们并未做出清楚的解释。有人猜测，是因为"飞碟"降临了老爷庙水域，像幽灵一样在湖底运动，导致沉船不断。

问题似乎越来越令人不可捉摸，然而，"魔鬼三角地带"究竟隐藏着什么秘密？湖水底下到底有何种鬼蜮出没？这些都是亟待解开的谜团。

鄱阳湖畔湿地风光

会发强光的怪地

戴家山旅游风景区

在中国湖北省神农架自然保护区的老君山脚下有座戴家山，山上有一块十分奇怪的土地，每逢2月、8月晴天的中午，这块田里便会发出一束强烈的白光。光线很刺眼，人们不敢直接观看。这束光照在对面200米远的地上，比阳光还要明亮。它不定时地发射出来，每次大约持续2至3分钟时间。当地有许多人都亲眼见过它。

在这块土地上，有位农民曾经挖出一个奇怪的洞，洞里有一堆鸡蛋型的土蛋。每个土蛋均有三个鸡蛋合起来那么大，砸开"蛋壳"，里面全是土。更令人感到奇怪的是，头天挖开的洞，过一夜又会神秘地闭合起来。现在虽然山上修了梯田，但这块土地仍会不定时地发出白光来。

近几年，有大批科学家奔赴戴家山对此进行实地考察和研究，但目前仍旧没能给出合理的解释。

千年古刹藏"活地"

在镇江千年古刹绍隆禅寺内，有一块比八仙桌略大一些的地方，以每年约1厘米的速度微微隆起，这使得铺在上面的地砖自然升高，形成"馒头状"。过十年八年人们不得不铲一次土，铲平后不几年又凸起如初，至今依然。这一个千百年来多次出现的奇异现象，令人难以理解。

绍隆禅寺内的活地

绍隆禅寺位于镇江市东郊大港圌山风景区五峰山下，始建于唐朝宝历年间（825年）。寺内古柏参天，樟木成行，紫竹婆娑，风景宜人。"活地"就位于寺内幽深的中楼忏悔堂（原藏经楼）内。跨进挂有"福慧双修"匾额的忏悔堂，来到玉佛像前，一块明显隆起的地面就会跃入眼帘。"活地"长2.5米，宽2米，上面铺着罗地砖。由于地面自然升高，四角的罗地砖已被撑裂，分成两片。用尺一量，"活地"已凸出地面30厘米，让人惊讶不已。

寺内僧人称"活地"为"龙地"。据说曾有一个高僧云游到镇江大港五峰山山脚下，在荒郊野外，突然发现这块"活地"，认为这是"龙舌"。龙代表神圣，代表吉祥。他便决定将寺庙建在龙头之上，但

绍隆禅寺

寺庙建成不久被一场大火夷为平地。宋绍光年间（1132年），又一高僧因为看中"龙地"，在原址重建，后又毁于火灾。到了明朝，比丘尼募化，于万历十四年再次修建，名曰莲觉寺，不久改称绍隆禅寺。

"活地"在绍隆禅寺已"生活"了一千多年，这一大自然之谜，自古以来无人解开。为此，宗教部厅曾经请地质部门来勘察过。根据"活地"上长出的土为白色这一事实，专家们初步分析，认为可能是陶土。陶土是一种矿物质，也叫耐火土和膨胀土。但为何仅有这一块地方有这种土，且千年不变，专家们也难以说清。

北京古崖居之谜

在北京郊区延庆西北部的一个山谷里，坐落着148个安静的古代洞穴。它们开凿在陡峭的岩壁上，因而得名"古崖居"。

古崖居分为前、中、后三部分，开凿在沙砾花岗壁上，洞口毗邻，错落有致，呈自然村落状。人工刻凿的石室有方形、长形，有单间，有套间，还有颇具特色的"三居室"。所有的洞穴内都有门窗、炕灶、壁橱、烟道，还刻凿了石灯台、石灶台、石槽、石炕等，就像现代家居一样方便实用。其中，有一个石穴分为上下两层，还配有耳房和廊柱。由于这些石屋显得十分宽敞，考古学家推测这里曾是穴居主人集会或祭祀之地。

到底是谁修建了它们？修建于什么时期？建造的原因和方式又是怎样的？

在考察古崖居的过程中，研究人员发现，从居室层高以及家具大小可以看出，古崖居主人的身材并不高大。人们刚进崖洞时都会感到压抑，个子高的不得不低着脑袋。洞室净高最低为1.45米，最高为1.90米，一般在1.65米至1.85米之间。而现代建筑卧室和起居室通常都不低于2.40米。另外，学者认为火炕的宽度往往与居住者的身高直接相关。但洞室内的火炕并没有一个标准尺寸，长度有1米多的，也有2米多的；而宽度却都在1.6米左右。目前，东北火炕的宽度普遍为1.85米。由居室的高度与火炕的宽度可以推测：古崖居主人的平均身高可能在1.5米左右。

延庆古崖居

　　研究人员由此得出结论，居住在崖居中的人们很有可能是"矮人"族。《新五代史》中曾记载，唐末，曾有奚人生活于契丹边界，但不堪忍受契丹人的苛政，奚王率众向西迁徙，依北山射猎，定居在山下。史书记载奚族曾于唐末、五代时期出没在妫州的北山附近，而妫州指的就是今天的北京延庆一带，在山中定居的奚人是"行岩穴居"。因此也有人认为古崖居的主人是避祸定居的奚族。

　　近几年来，人们又对古崖居提出了新的观点。认为延庆古崖居很有可能是汉代一处中等规模的军事要塞，当年驻军多达200人左右。

　　实际上，关于古崖居的开凿年代、目的和用途、最终被遗弃的原因等问题的研究依然还在继续。要想彻底解开这些难解之谜，还有待于科学家们的进一步探索和研究。

泰山 "回马岭" 之谜

东岳泰山作为五岳之首，其上有很多名胜古迹，而且其中一些的来历颇为复杂，比如 "回马岭"，其名称的由来至今仍是一个谜。回马岭位于泰山登山中路的中段，壶天阁之上，中天门之下，海拔800米，古名石关、瑞仙岩，这里山重水复，峰回路转，景色十分优美。现有石坊一座，额刻 "回马岭" 三个字，东西崖勒刻着清乾隆帝《回马岭》诗三首，是泰山风景区的著名景点。关于这个 "回马岭" 之名的来历，历来众说纷纭，莫衷一是。

泰山回马岭

唐玄宗禅地祇玉册

关于"回马岭"的来历，宋真宗赵恒回马说流传最广。传说宋真宗当年来泰山封禅的时候，山路越来越陡，山势几乎笔立起来，马匹无法继续前行，真宗无奈之下只好调转马头。乾隆皇帝在乾隆十三年（1748年）登泰山时，曾赋诗道："曈昽日照紫芙蕖，石磴盘行路转徐，传是真宗回马处，当年来为奠天书。"清朝人宋思仁编写的《泰山述记》中也记载："回马岭……相传宋真宗回马处。"

可是，从历史记录来看，宋真宗赵恒来泰山封禅的时候，并不是骑马或者乘马车上山的，而是乘山轿上山的，而且在有些地方还徒步前进。没有马，当然也就谈不上"回马"了。

明朝人萧协中所写的《泰山小史》和1986年山东人民出版社出版的《泰山导游》中一致认为，唐玄宗于725年骑马登封泰山时，走到这里，由于山势高峻陡拔，马不能再上，只得返回，"回马岭"因此得名。《旧唐书·礼仪三》中也有"玄宗御马而登"的记载。李白和唐玄宗李隆基是同时代的人，他的《泰山吟》六首流传很广，其中就有一首描绘了唐玄宗骑马封禅泰山的情景："四月上泰山，石屏御道开。六龙过万壑，涧谷随萦回。马迹绕碧峰，于今满青苔。"由此可见，唐玄宗李隆基骑马登封泰山是确信无疑的。但由此认为"回马岭"之名源出唐玄宗登泰山却有牵强之嫌。

还有学者认为，东汉光武帝刘秀于建武三十二年（公元56年）登封泰山时，在此回马，遗名"回马岭"。这种说法的主要依据是《泰山封禅仪记》的记载：刘秀"上山骑行，往往道峻峭，不骑，步牵马，乍步乍骑，且相半，至中观留马"。此文的作者是随汉光武帝刘秀一起登山的泰山郡守应劭，可信性较大，因此推断汉光武帝刘秀在此回马有一定的道理。

"回马岭"到底来历如何，至今众说纷纭，没有定论。

阅读分享
趣味测评
图文资讯
拓展视频

微信扫码

泼水现竹石壁之谜

　　四川仁寿县黑龙滩水库的峭壁上有一幅被称为蜀中奇观的"泼水现竹"石壁画。900年来，无人能解其中奥妙。

　　黑龙滩北端的悬崖上镌刻着1米见方的"龙岩"二字。东南方距其300多米的紫色石壁上，有一尊大佛坐于石窟中。石窟左侧四方的平面石壁上，用净水泼洒后，会出现"泼水现字"几行墨笔字，署名处清晰地现出"乾道五年"等遒劲字迹。石窟右侧石壁凸起的平面上，有些不

仁寿黑龙滩

规则处，经山泉泼洒就会出现这样的奇观：石壁条幅上，墨竹主干亭亭而立，枝叶潇洒；竹根临怪石处派生出一丛幼竹，婀娜可爱；顶部侧叶，犹如长剑当空，刺向云天。据说这"怪石墨竹"的作者是文同，字与可，人称石室先生、文湖州，北宋梓州永泰县（今四川省盐宁县永泰乡）人。他平生爱竹、种竹、写竹，开拓了"湖州竹派"。成语"胸有成竹"，说的正是他画竹的故事。仁寿（古称陵州）县志记载："文同北宋熙宁四年知陵州后，在龙岩写怪石墨竹，两壁摩崖隐隐有光，怪石墨竹既无墨迹，又无雕镂痕迹；用水涤石，画面犹新。"

　　"怪石墨竹"写于1171至1173年之间，距今已逾900年。而这"怪石墨竹"经水洗涤至今画面如故的谜底仍未揭开。相传，这是写竹用的墨所致。那墨是在主要原料松烟、煤烟中，投入了某种珍稀的鱼的尿液，经铜炉炼制而成。当地百姓则说，是因为龙岩处于神秘莫测的奇特位置。先前，岩顶有参天古树荫蔽，岩下有从河水中不断蒸腾升起的某种地气，再加上龙洞中山泉的孕育，所以出现了这样的结果。更有古稀老人说，是文同的表弟——宋代名人苏东坡在密州就任期间，从徽州买来一种"魔墨"相赠，使文同能成此画，老人还引举苏东坡《送与可出奇陵州》那首七言律诗为证。根据化学原理解释，"怪石墨竹"处的紫色岩，含化学元素钾，钾的化学性活泼，容易与水发生剧烈反应，可能生成氢氧化钾。龙岩泉水可能和指示剂石蕊有相似的化学成分，石蕊遇氢氧化钾显墨蓝色，看上去酷似黑色。

　　然而时至今日，到底为何泼水才能现竹，仍然没有人能真正解开这个谜。

"水往坡上流"之谜

俗话说："人往高处走，水往低处流。"在地球重力的作用下，水好像是不可能往高处流的，然而这样的怪事的确存在。

在新疆大漠深处，围绕高原之巅有不少奇闻趣事，其中最为奇怪的就是"水往高处流"这一自然奇观。奇观发生在新疆南疆克孜勒苏自治州的乌恰县，距县城190千米处一条名叫什克的小河上。这条小河呈南北走向，眼看着河水从上游的低洼之处沿着山坡像蛇一样蜿蜒向上流

"水往低处流"这个千古不变的规律受到怪坡的挑战

淌，最后竟爬上一个十几米高的小山包。河水在山包上转两个弯，然后又在山包的另一侧顺着山坡向下流去。

　　驻守在这个小山包上的边防战士天天利用这股"神水"烧水、做饭、洗衣、浇地，只是弄不清楚这河水为什么竟往高处流。测绘人员曾专程来这里实地勘察，证实山包确实高出上游河面14.8米。

　　针对这个怪坡，探险家和科学工作者先后提出了"重力异常""视差错觉""磁场效应""四维交错""黑暗物质""失重现象""黑暗物质的强大万有引力"等各种解释，虽然众说纷纭，却无一能使人真正信服。

为什么会有"海火"？

1975年9月2日傍晚，江苏省近海朗家沙一带，海面上出现了奇怪的光亮，随着波浪的起伏，就像燃烧的火焰那样翻腾不息，一直到天亮才逐渐消失。第二天夜晚，亮光再次出现，而且亮度较前日加大。以后各日夜晚，亮度逐渐加大。到第七天，海面上竟涌出很多泡沫。当渔船驶过时，激起的水流明亮异常，如同灯光照耀，水中还有珍珠般闪闪发光的颗粒。几小时后，这里发生了一次地震。

这种海水发光现象被称为"海火"。它常出现在地震或海啸之前。1976年7月唐山大地震的前一天晚上，秦皇岛、北戴河一带的海面上也出现过发光现象。神秘的"海火"像可怕的幽灵困扰着人们。

"海火"是怎样产生的？一般认为，"海火"与海里的发光生物有关。海里的发光生物因受到惊扰而发光，是早为人们所熟知的现象。这些生物种类繁多，除甲藻外，还有许多细菌和放射虫、水螅、水母、鞭毛虫以及一些甲壳类、多毛类等小动物。因此，人们推测，当海水受到地震或海啸的剧烈震荡时，便会刺激这些生物，使它们发出异常的光亮——"海火"。

但对此，一些学者持有异议。他们指出，在狂风大浪的夜晚，海水也同样受到激烈扰动，为什么不产生"海火"？一些人认为，"海火"作为一种复杂的自然现象，生物发光和岩石爆裂发光只是其中两种成因，除此之外，可能还有其他成因。但究竟还有些什么成因，有待于科学家进一步研究。

石头也能"下蛋"？

　　众所周知，地球上高等动物的繁衍方式主要有两种：一种是胎生；一种是卵生。像鸟类、爬行动物、两栖动物、各种昆虫和鱼类都是通过下蛋来繁衍后代的。然而奇怪的是，有些石头也能"下蛋"。下蛋石是中国贵州省三都水族自治县的特有奇观，被称为黔南六大谜之一。在县城西南12千米处的瑶人山里，陡峭险峻的石崖上，常会挤出一些圆溜光滑的石疙瘩。把石蛋剖开后，里面和普通石头无异，找不到动物的基

石蛋群

因。几十个大小不等、形状逼真的石蛋有序地排列在山崖上，蔚为壮观。更令人惊讶的是，石蛋的出生似乎有一定规律。据当地人说，大概每隔30年左右出现一次。石蛋出生时，只要用手轻轻一敲，外层岩石就会脱落，露出一个完整光洁的圆蛋。

　　这些古怪的石蛋是怎样形成的呢？有人认为，贵州一带曾经是汪洋大海，某些物质在海中旋涡的作用下积聚成球状物。后来陆地上升，这些球状物便附着在岩石中。由于二者的密度不同，周围岩石脱落后，"石蛋"就露了出来。但是海陆变迁在世界各地都有发生，为何只有贵州的岩石中才有石蛋？还有人认为，石蛋可能是岩石中的特殊矿物质受热形成的一种特殊结晶，在地壳的热运动中逐渐从岩石中挤出来。但是石蛋每隔30年就出生一次又做何解释？地壳运动会这么有规律吗？

诡秘的明都大灾难

1626年5月20日，明都北京城西南王恭厂（今宣武门）一带发生了一场破坏惨重的灾变，至今使人闻而骇然，难解事发端倪。

据史料记载，当天早上，天色皎洁，忽有声如吼，从东北方渐至京城西南角，灰气涌起，屋宇动荡。顷刻，大震一声，天崩塌，昏黑如夜，万室平沉。若乱丝、若五色、若灵芝状的烟气冲天而起，经久方散。东自顺城门大街，北至刑部街，长1.5千米，周围6.5千米，上万间房屋，2万余人皆成粉碎状。瓦砾盈空而下，人头及臂、腿、耳、鼻等纷纷从空中落下。街面上碎尸杂叠，血腥味浓，人亡惨重，驴马鸡同时毙尽。在紫禁城内施工的匠师2000余人，被从高大的脚手架上震落下来，摔成肉饼。成片的树木也被连根拔起，飘飞远处。石驸马大街一座500千克重的大石狮子也飞出顺城门外。象来街的皇家象苑，象房全部倾倒，成群大象受惊而出，狂奔四方。

死难者奇况颇多。承恩寺街上8人抬一女轿正走时，恰好赶上灾变，大轿被损坏落在街心，轿中女客及8名轿夫全都不见。菜市口有位姓周的绍兴来客正与6个人说话，忽然头颅飞出，躯肢倒地，而近旁6个人则安然无恙。

明熹宗天启皇帝朱由校

更令人咄咄称怪的是，死难者、受伤者以及无恙者，都在灾变中瞬间被剥光了衣服，赤身裸体。元宏圭街一顶过路女轿，灾变时被掀去轿顶，女客衣饰尽去，赤体在轿，却毫无伤迹。一位侍从在灾变时，只觉棕帽、衣裤、鞋袜瞬间俱无，大为惊奇。灾变过后，经历灾变的男女老少全都一丝不挂。

　　人们的衣服都被掠到何处去了呢？灾变后，有人报告，衣服全都飘移到几十里外的西山去了，大半挂在树梢上。户部官员张凤奎派侍从前往查验，果然如此。只见西山昌平州教场上衣服成堆，首饰、银钱、器皿无所不有。

　　1986年北京城特大灾变发生360周年之际，北京地质学会等20多家团体发起了对这场灾变原因的学术研讨。学者们各抒己见，莫衷一是。主要观点有"大气静电酿祸"说、"地震引发火药爆炸致灾"说和"地球热核强爆作用"说等。但这些观点都不能解释灾变中的低温无火、衣物荡尽等罕见现象。

　　当时的天启皇帝朱由校认为这场灾难是因自己当政不端所致，故下"罪己诏"来责备自己。

　　我们今天重新审视这场浩劫，也只能称之为旷古谜团。

历史考古之谜

"北京人"是食人族吗?

美洲原始人画像

达尔文在《一个自然科学家在贝格尔舰上的环球旅行记》中写过南美洲火地岛人吃人的情形:"在冬天,火地岛人由于饥饿的驱使,就把一些老年妇女杀死并吃食,反而留下狗到以后再杀。"1863年出版的英国赫胥黎的《人类在自然界的位置》一书中,专门附有"16世纪非洲的吃人风气"一节,文中说:"他们把在战争时捉到的敌人拿来充饥,又把卖不出好价钱的奴隶养肥了,宰杀果腹。"上面是现代民族中关于食人之风的记载,那么远古时代的人们到底有没有食人的习惯呢?

21世纪初,学术界在早期人类之间的关系这一问题上,存在着两种互相对立的理论:一种认为那时就有互相敌对的人群,另一种认为早期人类和平共处,生活在"黄金时代"。由于这两种不同的观点长期未能统一，因而对远古时代是否存在食人之风也就有着不同的认识，具体反映在对各种人类化石的不同解释上。

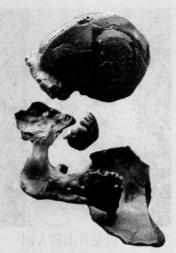

美国人类学家魏敦瑞根据北京猿人化石产地发现的头骨多，而躯干骨和四肢骨却特别少的现象，推测北京猿人存在着食人之风。他说，北京猿人"猎取他们自己的亲族正像他们猎取其他动物一样，也同样用对待动物的方式来对待他们的受害者"。至于北京猿人为什么打开猎物颅

北京猿人化石

骨，魏敦瑞认为可能是一种礼俗，或者是为了取食脑髓。从纵向破裂长骨暴露髓腔来推论，他认为取食脑子更可能是他们砸碎敌人头骨的原因。由于魏敦瑞在古人类学界的权威地位，这种论点至今仍有影响。

我国人类学家贾兰坡在对北京猿人化石做了深入仔细的研究之后认为，魏敦瑞的分析是有道理的，可以肯定，远古的北京猿人有食人之风。至于为什么在洞穴里多见北京猿人的头骨，贾兰坡教授推测，那是他们把人的脑盖部分作为盛水器皿的缘故。

然而，吴汝康教授却对此提出了异议。他认为，远古时代的食人之风，在现代灵长类习性的研究中是得不到支持的。因为对于黑猩猩、大猩猩的野外观察表明，它们群体之间和群体之内通常都是和平共处的。即使像狒狒那样富有侵袭性的动物，经过长期的野外观察，也没有见到互相捕食的行为。

有人认为，把同类作为食物，这在理论上是不能成立的。因为任何一个物种，不可能把同一物种的个体作为重要的食物来源而长时间

周口店龙骨山猿人洞

生存下去。特别是人类，怀孕的时间很长，每胎一般是一仔，产出后的生长时间相对来说是很缓慢的。因此更不可能把自己的同类作为重要的食物来源且没有遭到灭种的危险。

时至今日，围绕远古时代的食人之风，依然存在着各种观点、假设和理论。至于食人之风的产生原因和时期，更是众说纷纭。这些都有待于科学家进一步的研究。

用石器做的开颅手术

大汶口文化遗址是新石器时代文化的生动写照，这里有关于5000多年以前原始人生活的点滴记录，特别是一个头骨的发现，更引起了人们无限的猜想和兴趣。在大汶口出土的一个墓主的头骨上，考古学家发现了三个小型的椭圆形穿孔，孔的周围有明显的刮削及骨组织修复的痕迹。这表明，5000多年前的这位古人曾经接受过开颅手术并且在手术后还活了一段时间，因此被发现的头骨上留下的不是清楚锐利的刮削痕迹，而是在手术部位留有明显康复过的痕迹。这一切说明，这是一起成功的开颅手术，而且还是用石器做的！

没有任何资料告诉我们，这位古人为什么会接受开颅手术。但能证明的是：在大汶口文化时代，人们并没有发明金属器具，而只会磨制锋利的石器，甚至还会用骨头做成骨针。因此可能的事实就是，这个人是用石器做的开颅手术，并用骨针缝合了伤口。但是我们知道，薄而尖利的石片在承受过度压力时会出现崩裂，在手术完成后还需要取出这些碎片。他们究竟是怎么做

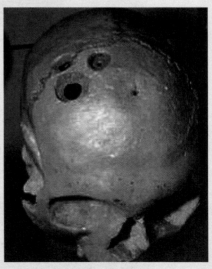

有穿孔的大汶口人头骨

到成功止血、防止感染以及减轻病人痛苦的呢？我们无从知晓。

这是一个让人大开眼界的发现。原始人所具有的高超医术，让我们不得不肃然起敬。在生产力水平如此低的情况下，他们是怎样做好这么高难度的手术的呢？

北京猿人化石流落何方？

1928年12月2日，北京大学的裴文中在周口店发掘出一个完整的猿人头骨。它为研究人类的起源及其发展，为再现早期人类的生活面貌，提供了极其珍贵的第一手资料。1936年10月至11月，旧石器考古学家、古人类学家贾兰坡又在周口店挖掘到了不少北京猿人的化石。当时它们被保存在北京协和医院的保险箱里，由瑞典著名人类学家魏敦瑞加以研究。珍珠港事件爆发前不久，日美关系已相当紧张。协和医院也缺乏安全。魏敦瑞建议把这些化石运到美国保存，但由于种种原因，没能运成。珍珠港事件爆发前两三个星期的一天，协和医院总务长博文突然命令将化石秘密装箱。北京猿人的5个头盖骨、15块头骨碎片、14块下颌骨以及147块锁骨、大腿骨、上臂骨、牙齿等化石，全部用擦镜细绵纸包好，裹上药棉，再包上纸、细布、棉花，装入两只大木箱被运到美国大使馆，准备随美国海军陆战队运往美国。后来美国士兵将木箱装进美军专用的标准化箱里，等待船运。按原定计划，美国海军陆战队军医福莱受命将标准化箱由北京押运至秦皇岛霍尔坎伯美军兵营，

北京猿人雕像

北京猿人雕像

再护送这批化石安全抵达美国。珍珠港事件爆发后，霍尔坎伯军营被日军占领。美国海军陆战队队员全部成为俘虏。不久，这批俘虏被押送到天津战俘营。从此以后，这批极其珍贵的化石也失踪了。

二战后，美军在日本对北京猿人化石进行了广泛搜寻，但一无所获。1972年，美国巨商詹纽斯悬赏重金寻找该化石。纽约一位老太太声称她丈夫从中国带来的一箱化石中有北京猿人化石，但从她提供的照片看，不是失踪的化石。人们寻找北京猿人化石的希望又一次落空了。

有人说，当年化石在秦皇岛被运上"哈里森总统号"邮船，赴美途中与邮船一起沉入海底。也有人说，邮船被日军俘虏，化石被截留，后来几经易手终致下落不明。若正如前者所说，那么化石最终从地底下重见天日后又沉入海底；若如后者所说，则化石很可能藏在日本。还有一种说法是，化石根本就未出北平城，它被埋在美国驻京公使馆的后院里。一个在美国海军陆战队总部门口当过守卫的卫兵说，珍珠港事件爆发前夕，他看到两个人将一箱东西偷偷地埋在院子里，估计可能是北京猿人化石。当年埋宝的地方，现在造有建筑物，无法挖掘。真假如何，尚是未知数。

"北京人"化石究竟流落何方？疑团未释，一切未知。

针灸铜人的谜踪

　　针灸是中国医学的重要组成部分，至今已有几千年的历史。北宋以前，医生主要按照唐代《皇帝明堂经》指定的人体经穴进行针灸治病。然而《皇帝明堂经》在唐末佚失，致使后来的针灸取穴失去了标准。为给针灸经穴重新制定国家标准，宋天圣四年（1023年），宋仁宗诏令医官王惟一铸造了著名的"针灸铜人"。

　　"宋天圣针灸铜人"由青铜铸成，身高和青年男子相仿，面部俊朗，体格健美。人形正立，两手平伸，掌心向前。铜人标有354个穴位

明城墙出土的宋天圣《新铸铜人腧穴针灸图经》石刻残碑

**河南南阳医圣祠
出土的针灸陶人**

名称，所有穴位都凿穿小孔。体腔内有木雕的五脏六腑和骨骼。各穴均与体内相通，外涂黄蜡，内灌水或水银，刺中穴位，则液体溢出，稍差则针不能入，因而可使医生按此试针，以供教学和考试之用。

"宋天圣针灸铜人"是中国乃至世界上最早铸成的针灸铜人，它开创了世界上用铜人作为人体模型进行针灸教学的先河。针灸铜人共两具，一具放在朝廷医官院，用于学医者观摩练习之用；另一具放置在京城大相国寺的仁济殿，供百姓前来参观。

1126年，金兵攻破北宋的都城汴京，大肆掠夺奇珍异宝。从此，两具"宋天圣针灸铜人"失去踪迹。那么，"宋天圣针灸铜人"到底流落在何方呢？

专家们推测：金军入侵汴京后，"宋天圣针灸铜人"中的一具可能被金军掠走，另一具则可能在康王赵构登基不久，被送归南宋朝廷。后来南宋朝廷惧于元朝的势力，只得将"宋天圣针灸铜人"献给元朝。

1260年，元世祖忽必烈诏命尼泊尔工匠阿尼哥修复"宋天圣针灸铜人"。1264年，"宋天圣针灸铜人"和《新铸铜人腧穴针灸图经》石碑由汴京移到元大都三皇庙。明朝建国时，"宋天圣针灸铜人"和《新铸铜人腧穴针灸图经》石碑仍然放置在三皇庙内。明英宗时诏命仿照"宋天圣针灸铜人"铸造一具针灸铜人，同时还仿制了《新铸铜人腧穴针灸图经》。"明正统针灸铜人"被放置在药王庙内，并一直保存到清代。明景帝时北京遭到蒙古瓦剌进犯，战乱中"明正统针灸铜人"被毁伤头部，直到清顺治时期才被修补完好。从此，只剩下"明正统针灸铜人"，而"宋天圣针灸铜人"不知去向。

20世纪70年代，中国针灸学者在日本东京博物馆发现一具针灸铜人，当时医学界认为它可能是中国的"宋天圣针灸铜人"。经专家考证，这具针灸铜人不是中国"宋天圣针灸铜人"，而是按照明代后景《图经铜人》石刻铸造的。

至此，追踪"宋天圣针灸铜人"的努力又陷入了困境。

和氏璧最终流落何方？

　　和氏璧是中国久负盛名的珍宝，围绕它发生过许多传奇故事，而如今它的下落也是一个谜。我们都知道楚国人卞和曾得到这块璧，后来璧又辗转到了赵国，落到赵王手中。秦王得知，派使者以城换璧，引出了著名的"完璧归赵"的故事。秦灭赵后，秦始皇将和氏璧制成方玺，上刻"受命于人，既寿永昌"8个篆字，希望代代相传。从此，玉玺就成为历代皇权的象征。然而不久，秦朝就灭亡了。秦王子婴将玉玺献给刘邦。刘邦将它带在身上，号称"汉传国玺"。西汉末，王莽篡权，索要玉玺。太后气得将玉玺摔在地上，从此它缺了一角，只好用黄金镶补。东汉末年，玉玺一度失踪。后来，长沙太守孙坚攻入洛阳后，发现一口井里冒红光，打捞上来后发现是玉玺。孙坚死后，玉玺被献给曹操，后又传到晋朝，最后落入唐太宗之手。唐末，天下大乱，五代交叠，玉玺也从此失踪。尽管此后不断有它被发现的传闻，却始终不得确证。

　　和氏璧传国玉玺代代相传，前后持续达一千六百多年。那么这一稀世奇珍究竟是什么宝物呢？传统观点认为和氏璧应是一种玉。因为"璧"在古文中的意思就是"平而圆，中间有孔的玉"。然而史书又称它"侧而视之色碧，正而

唐太宗玺印

视之色白"，而一般的玉并不能变色。于是又有人认为和氏璧是一种名叫月光石的矿物。月光石的色泽类似珍珠，在不同的角度观察可以看到不同的色彩。但这依然不能证明和氏璧就是月光石。因为和氏璧被发现时是包裹在普通岩石之中的，即所谓的"璞"。正因如此，卞和才失去了双脚。而月光石则是裸露在岩石之外的一种天然晶体。况且，月光石也不会单独生成，但自卞和发现和氏璧之后，再没有在该地找到其他类似的宝石。另有一种叫蛋白石的矿物，其特征与和氏璧有几分相似，然而楚地荆山一带并没有发现这种矿床。不过，无论什么宝石也不会有和氏璧如此传奇的经历，其中被寄托了如此多的野心和欲望。也许，这才是和氏璧被传为天下至宝的根本原因。

　　而今，和氏璧不知流落何地，无数的人仍在苦苦探寻它的踪迹。

峨眉山"佛光"之谜

　　峨眉山是我国四大佛教圣地之一，而著名的峨眉"佛光"又为这片圣地增添了许多神秘色彩。每当雨雪天初晴、风静云出之时，夕阳的余晖斜照在峨眉金顶舍身崖下的云层上，形成一个无比绚丽的光环。这个光环常常出人意料地突然出现，光芒四射，形状和我们常见的佛像身后环绕的彩色光环一样。尤为奇特的是，人们站在崖顶边缘，就会看见光环里出现自己的影子，如果人走动，身影也会随之移动，但总在光环之中。如果几个人甚至十多个人同时看，每人只能看见一个光环和自己的影子，一人一个，互不干扰。

　　那么，佛光到底是怎么产生的呢？

　　据古籍《嘉州志》记载，第一个发现奇异"佛光"的是北宋真宗大中祥符年间（1008—1017年）的一个人，姓蒲，名海通，住在峨眉山洗象池。一天，他上山采药，遇到一头野鹿，追踪至金顶，野鹿不见了。突然，他的眼前出现了绚丽的光环。他大吃一惊，连忙下山请教住在茅庵里的从西域天竺国（今印度）来的宝掌和尚。宝掌回答说："那是普贤菩萨显灵，化度一切众生。"后来这种说法越传越广，直至今日。因此来到峨眉山的人只要

峨眉山金顶十方普贤铜像

云海之上的峨眉山秀美风景

见到佛光，就认为自己与普贤菩萨有缘，甚至有人不顾性命，从山顶纵身跃入光环，希望由此受到菩萨的接引，到西方极乐世界去。"舍身崖"之名正是由此而来。

科学工作者研究后认为：佛光是日光在传播过程中，经过障碍物的边缘或空隙间产生的展衍现象，是由衍射作用而形成的。当云层较厚时，日光在射透云层后，会受到云层深处的水滴或冰晶的反射。这种反射在穿过云雾表面时，会在微小的水滴边缘产生衍射现象，有一部分光束会偏离原来的放射方向，其偏离的角度与水滴直径成反比，而与各色光的波长成正比。于是，不同的单色光就逐渐扩散开来，在人们的眼前出现一个彩色的光环。再由于衍射和漫反射的复杂作用，佛光的色相往往不像彩虹那样清晰分明，而是像水彩画那样融合在一起。

那为什么人们只能看到自己的身影呢？主要原因是：虽然云层中的水滴和冰晶点很多，但人们各自所见的光环，只是各自眼睛所视为顶点的那个光锥面的水滴或冰晶点作用的结果。就如同各自对照着一面小圆镜，可看见的自然就只是各自的身影了。

峨眉佛光

　　至于为什么会出现影随人动、人去环空的现象，至今还无法找到站得住脚的科学解释，神秘的峨眉"佛光"还有待于科学工作者进一步的深入研究和探讨。

庐山千年佛灯之谜

在庐山，有一种奇特的自然现象——佛灯。大天池旁的文殊台，偶遇月隐之夜，山下黑漆漆的幽谷间会倏然涌现荧荧亮光。亮光时大时小，时聚时散，忽明忽灭，忽左忽右，或近或远，好像一盏盏灯笼。"佛灯"的颜色多白色或青色，有的时候微带绿色。千百年来，闪烁变幻的佛灯作为一种罕见的自然奇观，使这座风景名山更为闻名遐迩，吸引无数人前往览胜探秘。

据《庐山志》记载，早在一千多年前，就有人发现了这种神异的

庐山文殊台

庐山三叠泉瀑布

灵光。南宋时期，诗人周必大游山时来天池寺住宿，当夜他便在山上看到半山腰忽明忽暗、飘忽不定地出现了许多如繁星闪烁的火光。他立即将这一难得遇见的景象记录下来：那灯火"闪烁合离，或在江南，或在近岭，高者天半，低者掠地"。明代大学者王守仁也曾为庐山佛灯写下《文殊台夜观佛灯》一诗："老夫高卧文殊台，拄杖夜撞青天开。撒落星辰满平野，山僧尽道佛灯来。"

对于"佛灯"出现的原因，古往今来有许多五花八门的解释。有的说这是山下灯光的折射，有的说是星光在水田里的反射，有的说是一群大萤火虫在飞舞，还有的说是山中蕴藏着能发出荧光的矿石。其中最占上风的说法是磷火说，这种说法认为佛灯即民间传说的"鬼火"，系山中千百年来死去的动物骨骼中所含的磷质，或含磷地层释放出来的磷质在空气中自燃所造成的。但有的研究者认为，磷火说的破绽也不少。一是磷火多贴近地面缓缓游动，不可能上升很高，更不会"高者天半"或"有从云出者"；二是磷火的光很弱，而庐山文殊台和青城山神灯亭的海拔在千米以上，峨眉金顶更超过3000米，不可能看得那么清晰。

有位飞行员认为，佛灯是"天上的星星反射在云上的一种现象"。他说，夜间无月亮时，驾驶飞机在云上飞行，铺天盖地的云层就像一面镜子，从上向下看，不易看到云影，只能看到云层反射的无数星星。飞行员在这种情况下易产生"倒飞错觉"，就是感到天地不分，甚至感到是在头朝下飞行。他说，在月黑星灿的夜晚，若有云层飘浮在庐山大天池文殊台下，天上的星星反射在云上，就有可能出现佛灯现象了。由于半空中的云层高低不一，飘移不定，所以它反射的荧荧星光也不是固定的。也许在这个角度反射这一片，在那个角度就反射另外一片，从而造成闪烁离合、变化无穷的现象。

然而，为什么在其他山区就不能见到这种云层反射星光的现象呢？而且就是在庐山上，也只有特定地点才能一窥"佛灯"的风采？可见这种说法尚不足以定论。再加上"佛灯"现象并不经常出现，就是居住在山上几十年的人也难得看见一次，因而这一千古疑案至今悬而未决。

香格里拉真的存在吗?

美国作家希尔顿在小说《失去的地平线》中,描绘了一个名叫"香格里拉"的地方。小说中说它在喜马拉雅群山之中,那里风光秀美,空气清新,居民品格高尚,而且健康快乐,长生不老,他们与世隔绝,以喇嘛教为中心,守护着自己的文明。小说中的"香格里拉"虽然是虚构的,但却有现实中的原型,据说作家是以西藏古典传记中的世外桃源"香格里拉"为依据写成这部小说的。

西藏经典传记中记载的"香格里拉"是个雪山环绕,天地之间纯净

神奇美丽的梅里雪山,也是传说中香格里拉所在地之一

如水，黄金佛塔林立，处处宁静祥和的神圣王国。对于虔诚的喇嘛僧侣来说，这不仅是个神话般的传说，而且是他们终生追求、可望而不可即的圣地。但是，以前这个传说只是在藏民和喇嘛僧侣中流传，而希尔顿的书问世以后，"香格里拉"引起了世人的极大关注。于是寻找"香格里拉"就成了世界上的一大热点。

那么，神奇而美丽的"香格里拉"究竟在什么地方呢？传说，在中国西藏有个前往"香格里拉"圣地的入口，它就在布达拉宫的神殿之下。这种传说有一定的道理。因为布达拉宫本身就是藏传佛教的圣地，其选址和设计必然有其独特的匠心。另一种传说是，"香格里拉"在印度和巴基斯坦交界处的克什米尔地区。这里位于喜马拉雅山西南，四周是银装素裹、冰河悬挂的冰峰雪山，中间却气候宜人、青葱碧绿，是五彩缤纷的梦幻般的雪中绿洲。这里空气清新，民风淳朴而又与世隔绝。因此也有人相信，"香格里拉"就是克什米尔的某个地方。还有一种说法，说"香格里拉"在中国的云南，也就是云南的中甸。中甸位于云南省西北部连绵起伏的群山之中、著名的梅里雪山脚下，属于迪庆藏族自治州。有趣的是，当地藏民有好多信奉天主教，他们自古以来就把梅里雪山看作是不容凡人足迹踏入的圣山。

神秘而又美丽的"香格里拉"究竟在哪儿呢？以上三种说法都有一定的道理，但迄今为止并没有定论。也许，"香格里拉"本身就是一个美好的象征，它可以指任何人间仙境、世外桃源，同时又永存于世人的心中。

乐山卧佛是巧合吗？

　　1989年5月11日，一位游客正在兴致勃勃地游览乐山名胜。当他乘船返回时，偶然回首对岸古塔，此时天气晴好，他举起相机，拍了一张风景照。这位游客返回家乡后，把照片拿给朋友们看，他的朋友看到那张古塔风景照时，突然感到照片中山形恰如一个仰卧的健壮男子，细看头部，更是眉目传神。照片一传十，十传百，前前后后共有近千人观看，人们无不惊呼："此乃乐山巨佛！"

举世闻名的乐山大佛

从乐山河滨"福全门"处举目望去，清晰可见仰睡在青衣江畔的巨佛的魁梧身躯。对映着湍急的河水，巨佛似乎在微微起伏。那形态逼真的佛头、佛身、佛足，分别由乌尤山、凌云山和龟城山三山联襟构成。

仔细观察佛头，就是整座乌尤山，其山石、翠竹、亭阁、寺庙，加上山径与绿荫，分别呈现为巨佛的卷卷发鬓、饱满的前额、长长的睫毛、平直的鼻梁、微启的双唇、刚毅的下颌，看上去栩栩如生。详视佛身，那巍巍的凌云山，有九峰相连，宛如巨佛宽厚的胸脯，浑圆的腰脊，健美的腿胯。远眺佛足，实际上是苍茫的龟城山的一部分。其山峰恰似巨佛翘起的脚板，形成顶天立地的擎天柱，显示着巨佛的无穷神力。总观"全佛"和谐自然，匀称壮硕的身体，凝重肃穆的神态，眉目传神，慈祥安然，令人惊诧不已。组成佛身的山峦长达4000余米，堪称奇绝。

更令人称奇的是，那座天下闻名的乐山大佛，恰好耸立在巨佛的胸脯上。这尊世界最高最大的石刻坐佛，身高71米，安坐于巨佛前胸，

传说中的乐山"卧佛"

正应了佛教所谓"心中有佛""心即是佛"的禅语，这是否为乐山大佛所暗示的天机呢？

乐山巨佛又是怎么形成的呢？据《史记·河渠书》记载："蜀守冰凿离堆，辟沫水之害。""冰"即李冰，都江堰的创建者，"离堆"就是乌尤山。那么，在2100多年前古人就凿开麻浩河，造就了巨佛的头。唐代僧人惠净为乌尤寺立下法规：任何人不得随意挪动和砍伐乌尤山的一草一木一石。代代僧众都视此为神圣不可违犯之法规。因而才保证乌尤山林木繁茂，四季常青，使"佛头"千年以来完美无损。

据乐山大佛文物管理部门的专家们介绍，迄今为止，还没有听说和发现关于巨佛的文字记载和民间传说。那么，巨佛是纯属山形地貌的巧合吗？为何佛体全身，人工的刀迹斧痕比比皆是呢？为什么1200多年前唐代开元年间的海通法师劈山雕凿乐山大佛，偏偏选中了凌云山西壁的栖鸾峰，并雕在巨佛心胸处呢？

直到现在，关于乐山大佛的种种疑问，人们还没有形成最终的结论。

栖霞山千佛岩之谜

　　栖霞山位于南京城东北22千米处，因南朝时山中建有"栖霞精舍"而得名。这里山深林茂，泉清石峻，景色令人陶醉，被誉为"金陵第一明秀山"。栖霞山不仅风景迷人，而且古迹名胜很多，其中南朝留下的千佛岩石刻，被誉为"江南云冈"，名闻中外，而且留下一连串的不解之谜。

　　栖霞寺千佛岩石窟位于南京城东北郊20千米处的栖霞山中峰西

栖霞山千佛岩

段，是利用崖面的自然走向而布局规划开凿出的摩岩石窟造像。南齐临沂市（今南京市北金川门外）县令明仲璋，遵照其父明僧绍的遗志，于南齐永明二年（484年），在中峰石壁上凿佛龛，镌刻了三尊佛像。其后齐梁两朝贵族竞相捐资凿石造佛。据史书记载，此处共有佛龛294个，佛像515尊，号称千佛。这些佛像有坐有立，大有数丈，小仅盈寸，造型十分精美。

近年来，考古学家又在龙山、中峰、栖霞行宫等处岩壁发现了大小不等的佛龛30余处。近年，凤翔峰东坡"裤子裆"也发现有古佛龛，俗称"惩罚佛"。据《摄山志》记载，有"画石山在摄山东岩下，有石穴，曰花洞"，那么这里的"石穴、花洞"是否就是传说中的"惩罚佛龛"呢？栖霞山除千佛岩，其他地方究竟还有多少佛龛？

2000年，栖霞山发现了两处飞天形象。一处为千佛岩中的102窟，

栖霞山的佛教造像

龛顶的两身彩绘飞天，无论身姿、捧花散花动作、衣带飘动形状及花朵的布局比例都与莫高窟一些隋代飞天相似。另一处飞天形象出现在栖霞寺舍利塔横楣的石雕上，其形象近似于莫高窟第161窟窟顶的天宫伎乐飞天。

有人认为，"栖霞飞天"姿态、线条的飞动感，是莫高窟隋唐最成熟时期风格的作品。但也有专家认为，栖霞飞天是唐代或唐代以后的壁画。

至于栖霞飞天壁画的绘制技法，有专家认为是模印壁画，即在岩壁贴上飞天模型，而后绘彩，再揭去模型，最后轻凿修饰出飞天的图形。也有学者考证认为，是先画了壁画像，然后才在图像之外补涂"底色"，因而使图像直接附着在岩石上。

有专家说，飞天最早源于印度，后经新疆传入内地。但日本奈良法隆寺也有类似莫高窟、云冈、龙门、栖霞的飞天壁画，它们的源头就在栖霞山。唐天宝年间，鉴真和尚东渡日本，曾在栖霞寺逗留了三天，因此，很有可能就是他将栖霞飞天带往日本的。

至此，栖霞飞天到底是哪一年的作品？属于哪一种绘制技法？千佛岩原有多少飞天壁画？日本法隆寺飞天壁画是否由栖霞山东渡而去？千佛岩飞天壁画历经千年缘何能单独保存到今天？这一系列问题，都有待于考古学家们一一破解。

千佛碑上的神秘脚印

在我国，以千佛命名的山、崖、洞、塔、殿，比比皆是，而以千佛命名的碑却比较罕见。四川省新都区宝光寺内的千佛碑刻造于南北朝梁武帝大同六年，距今已有一千四百多年的历史。宝光寺千佛碑堪称国内稀有而珍贵的佛教之物。最稀奇的是，这个寺庙里有一个巨大的脚印，谁也不知道这个脚印的来历。

宝光寺千佛碑的佛像高约5厘米，双手合十坐于莲台之上，纵横有序地排列在高175厘米、宽65厘米、厚14厘米的碑身四面，足有1000个之多。碑正中有一个穹隆状龛窟，内刻有一佛（释迦牟尼）二菩萨（文殊、普贤），佛祖正襟危坐，菩萨侍立两旁。碑的下端为东、南、西、北四大天王，手执法器，勇武威严。碑额中心为接引佛，佛座下刻有二力士，佛左右刻"双龙盘缀"，两条舞龙形体矫健，首尾相接。

就在此碑碑额的接引佛下，刻有一只脚印。别看它只有17厘米长，如按碑上佛像的比例折算，是相当大的。刻制佛的大脚印，在我国并不多见。据成都昭觉寺清康熙年间石刻的"释迦双迹灵相图"题记所述，释迦牟尼在逝世前，曾站在大石上对弟子阿难说：我现在即将涅槃了，特别留下这双脚印，百年之后，将有无忧王（即公

断裂的千佛碑

元前3世纪统一印度的阿育王）到这里来弘扬佛法。

　　可见，许多佛教圣地刻制释迦牟尼双脚印的目的，是希望佛教教义广被天下流传。但是，宝光寺内千佛碑上刻的是单脚印。就单脚印而言，国内其他地方尚未见到。据我国东晋高僧法显在其所著的《佛国记》中说，现今斯里兰卡中南部的圣脚山山顶，有一只长约1米的脚印，乃是释迦牟尼来此说法时留下的，这是一只左脚印，而千佛碑上刻的却是一只右脚印。这是偶然的巧合，还是有别的含义和来历？

新都宝光寺舍利塔

龙游地下石窟之谜

　　1992年6月2日，浙江省龙游县石岩村的几位村民将凤凰山麓上的一个地下洞窟的水抽干时，发现这洞下竟是一处庞大的地下工程。1998年，在有识之士的一再呼吁下，科研人员对此洞作了进一步发掘，才发现原来这是一处规模极大的地下石窟群。

　　考古人员勘探后初步确定，这片地下石窟群共有石窟将近80座、共约160万立方米。由于许多石窟内装满积水，只能经过水下超声波探测，经探测可确认其中最大的石窟面积达1万平方米。从已经发掘出的5座石窟来看，洞身宽敞，洞高约30多米，四面的洞顶是45°斜坡，由四根粗壮的石柱支撑着，其中最粗的石柱需要5个人才能合抱。

　　洞内四壁墙面从上到下笔直而平整，洞顶切割得非常精确，凿痕线条清晰，匀称细密。从洞口至洞底均有一条宽大石阶，石阶呈波浪形，每个洞窟的底部均有一两个凿挖而成的石池和人工斜坡。洞窟唯一的出入口在顶部，洞口呈长方形，左侧有一道直达窟底的阶梯，石窟在进入洞口之后向下、向前和向右扩展开去。除了几根支柱之外，窟里没有其他的间隔，到深约30米的窟底，面积已达到平均1000平方米，体积达到35000多立方米。如果一个标准泳池的容积为2500立方米，那么一个石窟的平均容积约相等于14个泳池。这些石窟有些相邻，有些分散，相邻的并不相通，高高低低布满山中。整个石窟的建造工艺水平相当高，用专业人员的行话说，如同一个经过精心设计、精密加工的机械制造品。

龙游石窟内景

遗憾的是，洞内没有任何文字留给后人，只是在洞壁上发现了一些奇特的符号和图腾，如石刻的马和鸟等的图像。

石窟究竟是谁在哪个年代为什么而建造的？这些疑问至今没人能解释清楚。根据洞壁上的图腾和符号，有人认为是古代越人所造，但也有人认为那些符号是甲骨文之前的象形文字。据此判断，石窟是比甲骨文字出现更早的史前时代的产物。然而，即使是现代工程师利用现代机械化的工具，要想开凿出80座石窟来，其工程难度也相当大。那么几千年前，石窟开凿者是怎样解决如此庞大工程的设计、勘探、测量、照明、废料运输、地下抽水、排水等一系列难题的呢？他们又是用什么工具和设备来切割洞顶和洞壁的？真是有点匪夷所思。

敦煌莫高窟开凿之谜

莫高窟，又名"千佛洞"，位于敦煌市东南25千米处，大泉沟河床西岸，鸣沙山东麓的断崖上，是我国三大石窟艺术宝库之一。莫高窟中迄今保存有五代十国时期至元代多种类型的洞窟700多个，壁画50110平方米，彩塑2700余身，唐宋木结构建筑5座，莲花柱石和铺地花砖数千块，是一处由建筑、绘画、雕塑组成的博大精深的综合艺术殿堂。这样一个令全世界瞩目的艺术明珠为什么会出现在如此偏僻荒凉的地方呢？

关于莫高窟的选址与开凿，有一个流传很广的传说。东晋十六国时期，敦煌是北方前秦的属地。一个名叫乐僔的和尚，不畏路途艰险，一路从东往西参拜名山圣迹。366年，他到达敦煌，来到鸣沙山东麓的断崖前，此时已是夕阳西下。乐僔看到落日在山背后放出奇异绚丽的光芒，与鸣沙山相对的三危山抹上了玫瑰色的红装。断崖被身后的落日衬托得金光万丈，崖面上仿佛有千万尊佛像，倒映在大泉河水中。霎时间，一切都变得金碧辉煌，仿佛西方的极乐世界。乐僔就在莫高断崖前住了下来，一边坐禅修行，一边在峭壁上架空凿险，建造石窟。多年以后，终于在莫高山上建成了第一

敦煌莫高窟壁画

敦煌第96窟 "九层楼"

个窟龛，莫高窟自此创建。佛窟凿成以后，乐僔还在窟内开龛塑造佛像，并根据佛经的内容绘制壁画，用以修行、观像和礼拜。

最近，有关专家从科学角度就莫高窟营建的问题提出了自己的解释。西北民族学院的胡孝宏教授介绍，敦煌地处荒漠戈壁腹地，为使洞窟免遭风沙侵蚀，古人将莫高窟修建在鸣沙山沙砾岩上，坐西朝东，与东面的三危山隔河相望，呈蜂窝状排列的洞窟最高处不超过40米。冬季，风沙主要从洞窟背面的西方刮来，经过窟顶时，呈45度角飘下，与洞窟之间形成"死水区"，吹不到洞窟；夏季，东风盛行，莫高窟对面的三危山又成为它的天然屏障，使风沙无法直接威胁到洞窟。因此，莫高窟便成了干燥区域里一个最安全的地带。

敦煌研究院研究人员王进玉认为，莫高窟依山面水，窟前的宕泉河水滋润着莫高窟周围的绿树，不仅形成了独特的清幽风光，还有效地阻隔了太阳光对洞窟的辐射。

胡孝宏教授还从社会经济学角度分析了莫高窟开凿的原因。他说，虽然现在的敦煌只是中国西北的一个小城，但在唐代它却是与长安、扬州齐名的全国大都市之一。"丝绸之路"开通之后，敦煌作为汉唐帝国通往西域的门户、中西文化的交汇点，成为繁华一时的贸易中转城市，各国商贾云集。来往商人为祈求生意兴隆、人身平安，需要高级道场举行祈祷仪式，加之当时佛教盛行，于是，世俗大户纷纷出资开凿石窟。经过一代又一代的修建，莫高窟千窟争荣的鼎盛局面终于在唐代形成了。

莫高窟金光之谜

世界上任何艺术都有其光怪陆离的谜团，莫高窟就有不少，窟区出现万道金光就是其中之一。每当雨过天晴、空气清新的清晨或黄昏，从敦煌驱车沿安敦公路向东南而行，就会被几十里以外三危山呈现的奇特景象所吸引：这座山能放射出五彩缤纷的光芒！

这种奇特景象千百年引来无数人的观赏。最早的记录是在唐朝李怀让所撰的《重修莫高窟佛龛碑》里，碑文记载："莫高窟者，厥初建元二年，有沙门乐僔，戒行清虚，执心恬静，尝杖锡林至此山，忽见金

莫高窟大佛

光，状有千佛，遂架空凿岩，造窟一龛……"文中所指的山即三危山，所造的龛像，就是敦煌千佛洞最早的洞窟。

关于三危山得名，《都司志》中有记载：此山之"三峰耸峙如危欲坠，故云三危"。若登上山巅，可东望安西，西尽敦煌，山川树木，尽收眼底，所以古来又有"望山"之称。

对于莫高窟的佛光，有两种解释。第一种解释是：三危山纯为砂浆岩层，属玉门系老年期山，海拔高度约1846米，岩石颜色赭黑相间，岩石内还含有石英等许多矿物质，山上不生草木。由于山岩成分和颜色较为特殊，因而在大雨刚过、黄昏将临，空气又格外清新的情况下，经落日余晖一照，山上的各色岩石便同岩面上未干的雨水及空气中的水分一齐反射出五彩缤纷的光芒，将万道金光的灿烂景象展现在人们眼前。

另一种解释是：莫高窟修造在鸣沙山东麓的断崖上。崖前有条溪，在唐代叫"宕泉"，现今叫大泉河，河东侧的三危山与西侧的鸣沙山遥相对峙，形成一个夹角。傍晚，即将沉入戈壁瀚海的落日余晖，穿透空气，将五彩缤纷的万道霞光洒射在鸣沙山上，反射出万道金光，这正是我们有时看到的"夕阳西下彩霞飞"的壮丽景象。

无论是哪种"金光"，都是一种在特殊条件下的自然现象。但究竟哪种解释更具说服力，还有待科学家进一步探究。

三宵娘娘显圣之谜

  峨眉山是中国佛教"四大名山"之一，秦汉时就有方士隐居于此。汉末，道教在山上修建宫殿。南北朝时，山上开始兴建佛教寺院。明清时，佛教活动达到鼎盛，山上香烟缭绕，但游人一般不到舍身崖的三宵洞游玩，因为这里被称为恐怖的"死亡之洞"。

  舍身崖分4个崖台，每个崖台都如斧劈刀削。在海拔1000多米的第一个崖台上，有个曾使72人瞬间惨死的洞穴——三宵洞。惨案的发生令人不寒而栗。之后的很长时间里，它成了名副其实的"死亡之洞"。

  惨案发生时，三宵洞还是佛教的繁盛之地，洞外庙宇雄壮，环境清幽。1927年秋，演空和尚出任此洞住持，一帮善男信女捐款铸造了一口大铜钟送到这里。众人到洞内已是下午3点，为朝贺三宵娘娘，他们唱起了《三宵计摆黄河阵》。演空和尚制止说："佛地要静，吵闹了娘娘是要降罪的。"然而大家情绪高涨，哪里肯听？他们在各处点燃了蜡烛，边唱边跳。突然间，一声巨响，一股水桶粗的黄色火焰像火龙似的从洞底喷薄而出，当场使72人窒息身亡。当地县长听说后，火速派人来调查原因，但没有结论，只好下令封闭该洞。

  几十年过去了，三宵洞路断人稀，变得令人生畏。现在的三宵洞杂草丛生，枯藤遍野，只有"三宵洞"三个大字还依稀可辨。从洞口往里走约300米处，还有两具尸骨。洞口两边各有一尊菩萨，高约4米，已面目模糊。那口铜钟已被人从洞口推到崖下约10米处，至今还在那里。

"三宵洞惨案"的发生，引起了很多专家和学者的关注。四川一个大学的教授曾到此实地探查，他推断认为：是鼓声、喧闹声，震动了洞内的瘴气所致。但不少学者表示怀疑。因为瘴气本身是不会爆炸的。总之，众说纷纭，原因究竟是什么，至今还是个谜。

峨眉金顶的舍身崖

景山坐像之谜

　　几年前，国家测绘局宣布，遥感拍摄的北京景山公园平面园林图，酷似一尊盘腿打坐的人像，并称之为"景山坐像"。园林北部寿皇殿建筑群是"坐像"的头部，大殿和宫门组成眼、鼻、口。坐像眼睁着，带笑容；胡须是松柏；肩、胸、手、腿是南部那座山。几年来，尽管科技、考古人员为此作了大量的研究考证，仍收获甚微。

　　前不久，武当山拳法研究人员、湖北省丹江口市文化馆干部谭大江经过倾心研究分析，认为北京"景山坐像"与武当山"紫霄坐像"均为道家养生图示。"紫霄坐像"是数年前谭大江与有关人员在武当山古建筑群研究中的一个新发现，他们认为武当山紫霄宫建筑群与其周围山势地形是根据人体形象妙意安排的。说"景山坐像"系道教之神，是因为"坐像"头上戴冠，有胡须，手合于腹前，符合道教之神的貌态，特别是与真武大帝相似。

　　谭大江说，"景山坐像"建于明朝永乐年间。明成祖朱棣打进南京，夺了皇位，他对外宣称是得到了真武大帝的帮助，因此即位后立即修建宫观报答真武大帝。

　　道家为什么要将建筑设计为养生图示而却又让人不易发觉呢？谭大江的解释是，道教的经典始终贯穿一个意图，那就是"长生不老"。道家按照"天人合一"的道义修性炼真，并力图把这种奥秘告知世人。但是，在"神"的限制中，在清高脱尘的心理和观念的支配下，他们又不愿将"天机"廉价地送给"俗人",总是故作玄机地等待"有缘人"的发现。这便是"景山坐像"在500多年后的今天才引起人们惊奇的原因。

说"景山坐像"是道家练功图示,还在于景山公园的建筑布局、方位以及建筑景点的名称都符合道家内功修炼的术语要求,而道家修炼的术语从来都是以隐语出现的。

当然,这也仅仅是一家之言而已,至于"景山坐像"是否真是道家养生图示,目前尚无定论。

俯瞰景山确实像一尊打坐人像

神秘的花山石窟

在中国安徽的屯溪花山，人们发现了一个巨大的地下石窟，石窟拥有的石洞之多，令人称奇。

如果这些石窟是人工开凿的，那么单单需要从里面运走的石料就有几十万立方米。如此浩大的工程，为什么在地方志等古籍史书中没有任何记载？这些石窟究竟是怎么形成的？古人为什么要耗费大量的人力物力来开凿它？留下如此多的洞窟又作何用？那些曾在洞内的石头又被运至何处？层层

花山石窟

谜团引发了各方的猜测。

因为花山环境优美，是个风水宝地，有人推测这些洞窟可能是一处皇家王陵。只是洞窟里的石洞杂乱无章，方向和大小都不统一，不像是皇陵中间一洞、不设旁系的格局，所以人们对此说很是怀疑。于是又有人提出了屯兵的假设。本来屯溪这个地名就有典故可考，三国时期的孙权曾派人在此处的溪水旁屯兵，于是有了屯溪之名。这些石窟会不会有军事之用呢？不过石窟的布局让人对这个假设提出了质疑。这些洞窟都极为宽敞，不具有防御能力。加上所有的洞窟只有一个出口，也不适合大批人在此驻扎。基于以上疑问，人们又想它会不会根本就不是有意的行为，而是大量采石后无意中留下的洞窟呢？只是采石多半在露天，而且石窟中有很多没有支撑作用的薄墙，采了石头后也不方便运出。石窟壁上还有十分漂亮的花纹，如果仅是工人采石，又为何雕刻这些花纹呢？

神秘的花山石窟，给我们留下了一个又一个难解的谜题。

高崖悬棺之谜

在中国四川南部的珙县境内，曾经生活着一支风俗奇特的少数民族：僰人。从春秋时期到明代万历年间长达2000年的时间里，他们一直在这片土地上耕作、生息、繁衍。然而在明神宗万历元年的"汉大战"之后，这个部落就神秘地销声匿迹了，除了高悬在离地百米的断壁悬崖上的265具棺材，他们没有给这个世界留下任何其他的信息。

这些高高在上的"僰人悬棺"总重超过千斤，都是用质地坚硬的整木雕凿而成。其外形主要有船形和长方形两种。有的选择最为险峻的天然或人工凿成的崖石安放，棺木还裸露在外面；有的在绝壁上凿孔，插入木梁，把棺木架在上面。悬棺离地面数十米到一百多米，在山风中凌空俯视地面。

僰人为何要把棺木高悬于千仞绝壁之上呢？专家们认为，按古人的意思，悬棺入云，是吸日月之精气。从科学上来说，西南地区的少数民族由于长期居住在山水之间，对山水产生了无比深厚的感情，死后葬在靠山临水的位置表明亡灵对山的依恋和依托之情。至于把棺木放得很高，那是因为高处可以防潮保尸，并可以防止人兽的侵扰。

可是所有放置悬棺的地方，上至峰顶、下距空谷，都有数十米到一二百米，而且到处都是异常陡峭的石壁，无路可走。古人是怎样将这些悬棺放置到悬崖峭壁上去的呢？对此，人们多方猜测，代表性的解释有"栈道论"和"吊装论"，还有"洪水说""隧道说""天外来客

僰人悬棺

说”等，众说纷纭，悬棺因此被蒙上了一层异常神秘的色彩。

"栈道论"认为，悬棺是通过修栈道运到悬崖上的洞穴中的。古人可能就像今天造房屋搭架子那样沿着悬崖向上搭，当搭到洞穴口时便可将棺木一层层递上来，直至送入洞中，或者由山顶搭栈道向下直至洞口。

"吊装论"认为悬索下枢可以解决千斤之物挂上悬崖的问题。僰人先找到安葬洞口，在洞口前架设数米长的栈道，棺木在峰顶就地制成，装殓死者后吊坠而下至洞口，再由人推进洞去。

悬棺隐在云雾缭绕的峭壁之上，充满了神秘的色彩。僰族为何悬棺而葬？刀耕火种的年代如何置棺高崖？这些谜都还有待研究者进一步解答。

西周微刻甲骨文之谜

　　1976年，考古学家在陕西岐山县发现了西周甲骨文，它们大都是3000年前周文王晚年到周康王初年的作品。其中很多内容是以前发现的古文字中所没有记载的，极为珍贵。这批甲骨文共293片，上面锲刻的文字非常小，需借助5倍以上放大镜才可辨认。其中有一片卜甲的面积仅2.7平方厘米，上刻细如发丝的甲骨文字共30个。人们不禁要问：这些文字是怎么刻上去的？

　　过去，人们认为在西周初年没有那么精细的工具，可以在甲骨上刻写出那么小的字。2002年，陕西宝山村商代遗址烧烤坑出土了一枚距今3000多年的铜针。针首又尖又细，末端有一个微小的针鼻，小孔直径只有0.1厘米，做工之精让现代人也为之惊叹。它是做什么用的呢？有人认为，它就是微刻甲骨文用的。当然，这也只是猜测，没有确定的根据。

　　但在没有放大镜的西周时期，人们怎么能刻出那么小的字？现代医学研究发现，患有某些眼疾的人，如中心性网络膜炎晚期、黄斑部病变结痂前期等，看东西会比实物大好几倍。也许西周时期也有人

甲骨文刻辞龟甲

甲骨文刻辞牛骨

得了这些病，恰好能胜任微雕的任务。当代的微雕艺人中，也有人可以不戴放大镜进行微雕创作。事实上，古人的视力是不是和我们现在一样，我们并不确定。据说在美洲丛林中有个原始部落的人能够用肉眼看到人造卫星，所以，说不定远古人类比现代人的视力要好得多呢。

那么，当时的人刻这么小的甲骨文干什么用呢？这些小字只有通过放大镜才能勉强看清楚，刻出来让人怎么看呢？

据专家研究，甲骨文所记载的内容多是西周与商王朝的关系，以及商王狩猎及占卜之类的事情。这些内容之所以要微刻是因为关乎"军事机密"。众所周知，商朝是被周朝取代的，在灭商之前周人必须进行长期的准备工作。这些工作除了发展势力、访贤任能、研究周与商的关系，对商王行踪进行侦察也是必不可少的。因此，这些记录属于国家机密，需要微刻。

当然，这一切还都属于猜测，在科技并不发达的古代，人们到底是怎么完成如此精细的工作的呢？至今尚无定论。

"巴蜀图语"谁来解？

　　四川广汉三星堆遗址文明轰动全球，被誉为世界"第九大奇迹"。考古专家在遗址上没有发现可以辨识的文字，而是只发现了一些类似文字的神秘符号，这些符号被称为"巴蜀图语"。一些专家认为，如果解开"巴蜀图语"之谜，将极大地促进三星堆之谜的破解。

　　北京大学文博学院孙华副院长认为，"巴蜀图语"在众多兵器上出现，绝非偶然。"巴蜀图语"既不是纹饰也不是文字，它应当是一种带有原始巫术色彩的吉祥符号。将这种符号铸于兵器之上，其用意大概

三星堆博物馆外观

是佑护使用者免于伤害，给其以力量和勇气，激励其奋勇杀敌。

什邡市文管所的考古专家杨剑和刘明芬提出，万物有灵、人神互通的宗教信仰是三星堆文化的重要特色，三星堆宗教祭祀活动充满了"萨满教"色彩。在晚期巴蜀文化的图形符号中，面具纹、神树纹、眼形器纹、手形纹、心形纹、璋形纹、戈形纹等仍然带有"萨满教"的原始巫术色彩。这些符号不能一个符号、一个图形地宣读，只有当它们构成一组特定的"巴蜀图语"时才有意义。

四川省文史馆研究员冯广宏认为："巴蜀图语"就是巴蜀文字的雏形。《四川船棺葬发掘报告》中记载的巴县冬笋坝50号墓出土的3枚带日字格的半通印，1、2号上的印文

三星堆文化金面人头像

皆为"中、仁"，3号的印文就是巴蜀图语。文印中上方像心形的图案表示"忠"，下方两个人的图案表示"仁"，1、2号的"中"通3号的"忠"。这表示墓主的道德标准是"忠、仁"。

"巴蜀图语是了解和发掘巴蜀古文明的关键。"著名古蜀文化研究专家谭继和一语道出解读"巴蜀图语"的重要意义。他说："解读巴蜀历史目前可通过两种途径：一种是中原的文字，如甲骨文；一种是少数民族古文字，如古彝文。但这两种途径都与古巴蜀文化有很大

距离。"

完全破解"巴蜀图语"目前还不可能，但是破译了"巴蜀图语"，就可以解密神秘的古巴蜀王国。比如巴蜀人种、族属、文字的来源，还有三星堆古蜀国的兴亡之谜等。因此，我们期待考古学家和文字学家们能早一天揭开"巴蜀图语"的神秘面纱。

三星堆1号祭祀坑出土情况

☑阅读分享 ☑趣味测评 ☑图文资讯 ☑拓展视频

微信扫码

越王古剑千年不锈之谜

　　1994年3月1日，举世闻名的"世界第八大奇迹"——秦始皇兵马俑二号俑坑正式开始挖掘。这是20世纪以来巨大的考古事件之一。

　　在二号俑坑内，人们发现了一批青铜剑，长度为86厘米，剑身有八个棱面。考古学家测量发现，这八个棱面的误差不足一根头发丝。这批青铜剑内部组织致密，剑身光亮平滑，刃部磨纹细腻，纹理来去无交错。它们在黄土下沉睡了两千多年，依然光亮如新，锋利无比。专家测试后发现，剑表面有一层10微米厚的铬盐化合物，这一发现引起了轰动，因为铬盐氧化处理方法是近代才出现的工艺，德国与美国分别在1937年、1950年先后发明并申请了专利。

　　这一发现说明了什么？疑问未平，一支考古队在挖掘春秋古墓时又意外发现了一把沾满泥土的长剑，剑身上有一行古篆——"越王鸠浅（勾践）自作自用"。春秋时期，勾践"卧薪尝胆"，击败了吴王夫差，岁月的流逝使这场惊心动魄的战争沉睡在历史的长卷里。然而，这一重大考古发现使人重新想起这段历史故事，但是，更加轰动的是来自对古剑的科学研究报告。这柄古剑埋在地下两千多年，为什么没有生锈？为什么依然剑光逼人、锋利无比？研究发现，不锈的原因在于剑身镀着一层含铬金属。铬是一种极耐腐蚀、耐高

勾践剑

温的稀有金属，在地球岩石中含量很低，提取十分不易。

华夏文明拥有太多的谜团，谁能料到20世纪50年代的科学发明竟在公元前200年以前就存在？又有谁能想象，秦始皇士兵手里挥舞的长剑竟是现代科学刚刚发明的杰作？问题是，发现以后，我们用什么态度来解释这种超常规的科技早熟现象，我们不应该用"偶然"来解释，而应给予具体说明。假如以上事实是真的话（至少铬盐氧化处理不是假的），那么我们就应自问：他们的技术渊源是什么？

勾践剑（局部）

吴王夫差矛

说唱百万长诗之谜

　　《格萨尔王传》是藏族著名长篇英雄史诗，从其原始雏形发展到今天共有百余部之多，可谓鸿篇巨制。《格萨尔王传》在民间以两种形式流传：一是口头说唱形式；一是抄本、刻本形式。口头说唱是其主要形式，指通过说唱艺人的游吟说唱世代相传，而并于说唱艺人往往有着各种传奇。

　　在众多的说唱艺人中，那些能说唱多部的优秀艺人往往称自己是"神授艺人"，即他们所说唱的故事是神赐予的。"神授说唱艺人"多自称在童年时做过梦，之后生病，并在梦中得到神或格萨尔大王的旨意，病中或病愈后又经喇嘛念经祈祷，得以开启说唱格萨尔的智门，从此便会说唱了。

　　这听起来似乎过于玄虚，但确有其事。在藏区，有些十几岁目不识丁的小孩病后或一觉醒来，竟能说唱几百万字的长篇史诗。这种神秘现象至今无法解释。

格萨尔王护法

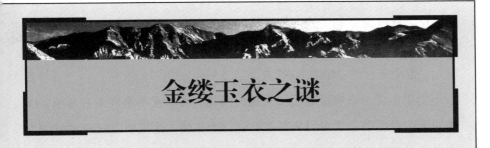

金缕玉衣之谜

  1968年，考古学家在河北省满城县发掘出了一座汉代王公陵墓——中山靖王刘胜墓。就在这座皇家陵墓里，人们发现了令人叹为观止的金缕玉衣。它全部由玉片拼成，共计2498片，并用重达1100克的金丝加以编缀，分为头罩、上身、袖子、手套、裤筒和鞋6个部分，衣体全长188厘米。玉衣的头部有玉眼盖、鼻塞，下腹部有生殖器罩盒和肛门塞。脸盖上刻画有眼、鼻、嘴的形状，胸背部宽阔，臀腹部鼓凸，完全与人的体型相适应。整件玉衣做工精细，玉片排列整齐，对缝严密，表面平整，颜色协调，令人惊叹。

  金缕玉衣是汉代规格最高的丧葬殓服，大致出现在西汉文景时期。据《西京杂志》记载，汉代帝王下葬都用"珠襦玉匣"，形如铠甲，用金丝连接。这种玉匣就是人们日常所说的金缕玉衣。汉代人认为玉是"山岳精英"，将玉放置于人体上，可以使人的精气不致外泄，这样就能保持尸骨不腐，期待来世再生。所以玉衣在汉代玉器中占有重要

金丝缕玉衣

的地位，汉代皇帝和贵族，死时均穿"玉衣"入葬。它们是用许多四角穿有小孔的玉片，用金丝、银丝或铜编缀起来的，分别称为"金缕玉衣""银缕玉衣""铜缕玉衣"。

由于金缕玉衣象征着帝王贵族的身份，有非常严格的工艺要求，汉代的统治者还设立了专门从事玉衣制作的作坊。这里的工匠对大量的玉片进行十多道工序的加工，并按照人体不同的部分设计成不同的大小和形状，再用金线相连。制作一件中等型号的玉衣所需的费用几乎相当于当时一百户中等人家的家产总和。但是，用金缕玉衣做葬服不仅没有实现王侯贵族们保持尸骨不坏的心愿，反而招来了盗墓毁尸的厄运，许多汉王帝陵往往因此而多次被盗。到三国时期，魏文帝曹丕下令禁止使用玉衣，从此玉衣在中国历史上消失了。

但如此精美的玉衣，在2000多年前的西汉时代是如何制作出来的？确实让我们现代人琢磨不透。在西汉时代，根据当时的生产水平，制作一套"金缕玉衣"是十分不易的。从遥远的地方运来玉料，经过开料、锯片、磨光及钻孔等工序，把玉料加工成数以千计的、有一定大小和形状的小玉片，每块玉片都要经过严密的设计和细致的加工。据测定，玉片上有些锯缝仅0.3毫米，钻孔直径仅1毫米，工艺繁难与精密程度之高令人惊讶。编缀玉片还需要许多特制的金丝。整个玉衣制作过程所花费的人力和物力是相当惊人的，据推算，汉代制作一件玉衣，约需一名玉工花费十余年的劳动。

人类神秘现象（中国卷）

人体、人物之谜

443岁的寿星之谜

人的寿命究竟有多长？长寿的秘诀又是什么呢？这是遗传学上长期未解的一大难题。

据福建省《永泰县志》卷十二记载：永泰山区有位名叫陈俊的老人，字克明，生于唐僖宗中和元年（881年），死于元泰定元年（1324年），享年443岁。陈俊的子孙"无有存者"，故由"乡人轮流供养"。这一记载如果属实，那么，陈俊老人堪称人类寿命史上寿命最长的人。

从人类遗传学看来，人的寿命除与良好的生活习惯有关外，也与人自身的遗传基因有密切关系。当然，环境对细胞的分裂生长也有重大影响。比如，X线照射等都不利于

人类的寿命究竟有多长？这是无数科学家探究的课题

人类长寿。有一些不幸的遗传病患者，他们生下来就患有早衰症，不足10岁便形同老翁，发育迟缓，患有各种疾病，几乎活不到20岁。

　　长寿是人类种族繁衍过程中的重大问题，很多科学家正在为探究它的奥秘而进行着不懈的努力。

保持愉快的心情是长寿的不二法门

巴马村人长寿之谜

      全世界有五个地方被国际自然医学会认定为长寿之乡，而广西巴马瑶族自治县是这五大长寿乡中唯一一个长寿老人不断增多的地方。巴马人究竟为何如此长寿呢？科学家们经过长期的研究，得出了许多不同的结论。

      独特食谱：在巴马人的食谱中有一道不可缺少的"长寿汤"——火麻汤。火麻是珍贵的油料作物，生长在山区浓雾环绕的土地上。火麻仁是目前所有常见的食用植物油中不饱和脂肪酸含量最高的，也是目前世界上唯一能溶于水的植物油。经常食用这种特殊的油脂，可降低血压和胆固醇，防止血管硬化，提高心力储备以达到延缓衰老和润肠通便防

美丽的巴马风光

止老年人便秘的目的。

巴马人以素食为主，食物特点是低脂肪、低动物蛋白、低盐、低热量和高维生素、高纤维素。他们以玉米粥辅以白薯和各类蔬菜、豆类为主食，这能提高食物营养的互补作用。

天然氧吧：巴马地区空气中的负氧离子含量每立方厘米在2000～5000个，几个长寿村空气中负氧离子则高达每立方厘米3万个，而在一般城市，这一数目是1000～2000个。

巴马森林覆盖率高，河流冲刷及海拔高等原因，使得这里的空气十分清新怡人。负氧离子不仅能起到净化空气的作用，而且能使人精神振奋，增强肌体抵抗力，促进新陈代谢，消除呼吸道炎症，缓解支气管哮喘，稳定血压。到过巴马的人都有这样一种感受：一口气爬一两百米的山，一点也不觉得累。

特殊环境：巴马是一片神奇的土地，这里在让巴马人尝尽了行路

巴马"命"河

难和劳作艰辛的同时，又给予了巴马人长寿的回报。研究表明，特殊的地理环境是巴马人长寿的一个重要原因。巴马县是典型的喀斯特岩溶地形区，奇峰林立，巴马曾名"万冈"，可见山之多。巴马被包围在大山之中，地质结构比较"破碎"，因此巴马的矿产资源比较分散，土壤中富含各种微量元素，这些微量元素从土壤中进入各种食物，再进入人体，它们对人类的正常发育和健康长寿起着重要作用。

"神仙水"："巴马是仙乡，有一处神仙水。"这个"神仙水"，就是巴马县城东南12千米的龙蟠山上的民安矿泉水。这是目前广西发现的流量最大的常温低矿化度、低钠含偏硅酸的重碳酸钙型饮用天然矿泉水。"神仙水"分两道从半山腰的石洞中流出，喝起来清爽甘甜。经检测，"神仙水"含有24种人体需要的微量元素。此外，巴马镇附近地区还有长寿泉、百马泉、甘水仙泉、观音福泉、百林奇泉等富含各种微量元素的矿泉，它们都是哺育人们长寿的营养库。

"辟谷食气"之谜

　　练过气功的人一定会知道"辟谷食气"这种说法。"辟谷"就是不吃东西的意思，"食气"是说练气功；合起来的意思就是：练气功的时候能达到一种自动停止吃喝的状态。但它不同于人为追求的节食和断食。因为"辟谷"对身体有利无害，而节食、断食则会使身体因虚脱而生病。修炼气功到一定程度，或者受到其他气功大师的"辟谷"影响后，有些人会自动出现厌吃厌喝的感受，如果将此感觉付诸行动，专心练功，那就是"辟谷"境界。在进入这个过程后，有的练功者开始时会喝水、吃一些水果，但到了一定境界，就根本不吃不喝，却神清气爽、精力充沛。

　　这种神奇却又容易被人误解的状态，早在中国古书上就有记载。长沙马王堆出土的帛书中还有一卷专门描述"辟谷"之事。看来古人相信并见识过这种事情，才会郑重其事地将它记载下来。现代医学对和自己理论格格不入的"辟谷"境界也产生了兴趣。通过

传说释迦牟尼在成佛之前，曾进行六年不吃不喝的苦修，却未能悟道

实验调查发现，"辟谷"状态对人的身体没有明显损害，练功者本身没有饥饿感。他们的睡觉时间也大大缩短，精力却旺盛了许多，日常活动完全能正常进行。有了"辟谷"经验之后，很多人的生理指标比之前还能好很多。为什么人在不食五谷而食气的状态下生理状态会更好？他们究竟是靠什么在维持生命呢？医学无法解释，我们也百思不得其解。

神农架 "野人" 之谜

　　神农架野人的传说在历史上流传了很久，三千多年以前的古籍中就有过记载。在神农架山区，见过野人的人多达数百人。这些野人中，以红毛野人最多，也有麻色和棕色毛的，有少数目击者甚至撞见过白毛野人。那么野人究竟是什么？

　　1974年5月1日，发生了一起目击"野人"事件。那天，神农架地区的农民殷洪发在去青龙寨的途中，看见一个满身长着灰色长毛、两脚

美如仙境的神农架

直立走路的人形怪物。据殷洪发说，这个人形动物约1.4米高，头发下垂到颈部，眼睛圆形红色，鼻子位置略比人高，眉骨突出，嘴比一般人宽，手臂及腰，手大指长，两腿上粗下细，两脚前宽后窄。

2001年10月3日，几名游客在神农架林区猴子石一带又目击了"野人"。后来专家们还在"野人"现身处山坡下的一个背风巨石后面发现了它们的一个睡窝。经鉴定，这是一个高达2米以上的动物睡卧的地方。这与目击者叙述的体形高度完全相符。而已知的高等灵长目动物均不可能拥有如此高的建造水平，而猎人非但不敢孤身光顾于此，也绝不会把床做得如此粗糙。

传说中的"野人"能直立行走，面部带笑，外貌似人又似猿。而这些特点，猩猩似乎都具备，而且历史上的猩猩并非仅仅生存在非洲大陆，中国南方也曾多次发现更新世时期的猩猩化石，年代一直延续到距今10000年前。所以有学者提出，也许神农架还残存着猩猩这种动物，只是它们被人们当作"野人"了。

在历次的野人考察当中，最为常见的痕迹就是奇怪的脚印。专家们用石膏浇铸复制出脚印模型，发现这些脚印的尺寸巨大，最大可达48厘米。脚的形状结构比人的脚落后，但比已知的现代高等灵长类进步，我们无法用任何一种已知动物的脚印去对应它们，但它绝对不可能是猩猩留下的。

1956年8月，广西柳城农民覃秀怀在楞寨山一座溶洞中发现了一块形状与人类下颌骨非常

传说中的野人形象

相似的动物骨骼化石，科学界称之为"巨猿"骨骼化石。大约在600万年前，人和猿从共同的祖先分化出来，一支进化成为现代类人猿，另一支进化为现代人。而巨猿与人类进化的主流分开，则是在距今大约200万年前。然而正处于发展的鼎盛时期时，巨猿却突然神秘地消失了。于是有人提出，也许历史上的巨猿并没有完全灭绝，而是顽强地生存到了今天，它们就是科学家们苦苦寻找的野人。

　　关于野人的争论似乎陷入了僵局，无论是"猩猩说"还是"巨猿说"，都拿不出确切的证据，一切结论都只是猜测。问题的关键在于缺少一个野人的活体证据。那么，神农架到底有没有"野人"？这个谜底也许还要过很久才能揭开。

"杂交野人" 之谜

中国湖北发现了世界首例活体"杂交野人"！1998年9月26日，在武昌举行的中国"野人"考察研究会上，人们目睹了这一奇迹。

人们看到的"杂交野人"头部尖小，身高约2米，赤身裸体，四肢

世界上第一段野人影片的截图

及形体特征均似"野人"，但无"野人"的长毛，也没有语言。该录像资料是1986年由野考会员在神农架毗邻地区拍摄的。当时，"杂交野人"33岁，其母健在，她早年丧夫，对杂交孩子一事闭口不提。

中国野考会负责人李爱萍告诉人们，这一珍贵录像资料是她1997年底清理父亲遗物时发现的。其父李建1995年去世，生前任中国野考会执行主席兼秘书长，毕生致力于"野人"考察。李爱萍女士说："好在她的大儿子、'杂交野人'的哥哥是队上干部，在得到野考会会员'保密'的承诺后，讲述了其母被'野人'掳去并杂交后代的'隐私'。""杂交野人"的生母现已去世，野考会会员当初与其家人关于"不得在她生前公开'杂交野人'消息"约定随之解除。

据了解，在此之前见诸报道的"杂交野人"是三峡巫山的"猴娃"。1939年3月，巫山县当阳乡白马村一妇女产下一个猴子模样的婴孩，村上人说，这位母亲于1938年7月间曾被"野人"抢进山洞，孩子就是因此怀上的。可惜"猴娃"无意中让炭火烧伤，于1962年8月病故。

我国著名野考专家刘民壮先生闻说此事，急急赶到巫山，在当地有关方面协助下挖出"猴娃"遗骨，并进行了初步测量和研究。刘民壮先生在1979年9月发布的《巴山猴娃科学考察报告》中，虽没有肯定"猴娃"就是其母与"野人"杂交所生后代，但对关于猴娃的"痴呆症"、"特大返祖现象"等猜测均予以否定。他于1980年在《科学画报》第4期发表的《猴娃之谜》一文中，进而提出："如果说猴娃是人与'野人'杂交的产物，那倒是很有可能的。因为巴山本是'野人'频繁出没之地，况且历史上也曾有过类似的记载。"

不用吃饭的奇怪女子

　　我们都知道，人不及时吃东西，就会造成能量供应不足，然后会感觉浑身没有力气，要是长期挨饿就会有性命之忧了。

　　然而我国湖北却有这样一位奇特的女子：她十几岁时得了一种怪病，让她的喉咙咽不下东西，后来她的病虽然治好了，可她却从此以后不再吃东西，只是每隔一段时间去医院注射一些葡萄糖。在熬过初期的不适之后，20多年过去了，她的发育完全正常，体力、智力也和同龄人一样。人们不禁要问：她究竟是在靠什么生存？难道空气中也会有能量被人体吸收吗？医学专家对此事也是百思不得其解。专家曾经对她进行了为期几个月的跟踪观察，但是什么异常情况也没有发现。她和其他正常人的生活完全一样。

　　究竟是什么原因让人不吃东西也能正常发育和生活呢？期待在不久的将来，科学家们能解开这个谜团。

食草人之谜

　　世界上存在着一些奇特的人种，诸如蜥蜴人、吃野草的人、狼人等。他们的存在本身就是个谜。

　　我国重庆市大巴山区巫山县有一个食草人，他就是当地农民龚清孝。龚清孝原来爱吃肥肉、米饭。1976年6月的一天，他在从附近煤矿挑煤回家的途中，口干舌燥，偶然产生了吃野草解渴的念头。于是，他采食了一把嫩绿的丝毛草，放在口中咀嚼，顿时觉得清香可口。从此，

奇怪的食草人

他饭量逐渐减少，食草量却不断增加，一日三餐必吃草。春秋季，他吃丝毛草、麦穗等鲜草；冬天吃干稻草、松树果、柏树籽等。现在，他还吃少量米面食物，但闻到肉和动物油的气味，就呕吐不止。多年的吃草生活，使龚清孝的体力和记忆力有所衰退，但神志还清醒，干农活很有条理，家庭生活也不受影响。但至于他为何发生这种情况却一直未能查明原因。

活吞毒蛇之谜

一提起毒蛇，人就会惧怕。如果被毒蛇咬伤，便会有性命之忧。但是，有人不仅不怕蛇咬，而且敢于把活生生的剧毒蛇吞到肚子里。

广西桂林有一个叫李韦心的捕蛇能手，能活吞毒蛇。亲眼看到的人没有不胆战心惊的。李韦心的父亲李永芳，原来是桂林地区的管蛇工，也是当地有名的捕蛇能手。有一天，他有事外出，年仅7岁的儿子李韦心看着周围一笼笼的毒蛇，觉得挺有意思。他在笼外逗着毒蛇，直搅得它们昂头吐舌，接着他顺手从铁笼里抓起一条眼镜蛇来，放在手里玩。玩着玩着，他竟把这条毒蛇放进嘴里，然后活生生地吞下肚去。毒蛇被吞到肚子里后，小韦心不仅安然无事，反而感到全身很舒服。

李韦心的血液到目前还鉴定不出有什么异常，但他的胃要比正常人的胃大三分之一。他不能喝糖水，喝下一小口就会呕吐不止；他也不能吃鸡肉，一吃鸡肉就胃痛难忍。如果一段时间不生吞毒蛇，他就会感到浑身无力，神志恍惚，接着就会生病；如果吃了无毒蛇，也会感到胃胀，不舒服。这一奇特现象，至今无人能解释。

老妇尸身不腐之谜

    1992年，河北省香河县的一个普通村庄发生了一起神秘事件：一位普通老人去世后身体发生了奇怪的变化。有人说老人修成神仙了，具有神秘的力量；还有人说老人睡着了，过段时间还会醒来。

    老人名叫周凤臣，香河县胡庄村人。她以88岁高寿享尽天年，但停止呼吸以后，遗体没经过任何防腐处理，在自然环境中，经过了几度春夏秋冬严寒酷暑的考验，却至今不腐。

    周凤臣老人于光绪三十一年十月初六（1905年11月2日）出生在香河县淑阳镇东北街，1992年11月24日夜10时45分在长子杨守德家中停止呼吸。

    1993年5月初，我国人体科学工作者得知周凤臣老人遗体不腐的消息后，立即组成综合调查组，对老人的遗体进行了科学考察，充分肯定了老人遗体存世的宝贵价值，并协同有关单位将老人遗体安置回村。随后，专家们在老人家乡，对她的生平事迹进行了长达月余的深入调查，了解到许多涉及生命奥秘的宝贵资料。专家们吃惊地发现，老人对自己最后归宿和遗体存世等事情早已了然于胸，并做了相应安排。

    专家们还确认，周凤臣老人遗体至今不腐，留下了肉身演化全过程的科学观测资料，为我国人体科学研究提供了难得的特异生命演化实例，也为全人类留下了珍贵的遗产。

    中国佛教界著名人士闻知老人肉身遗世的消息，十分推崇，充分

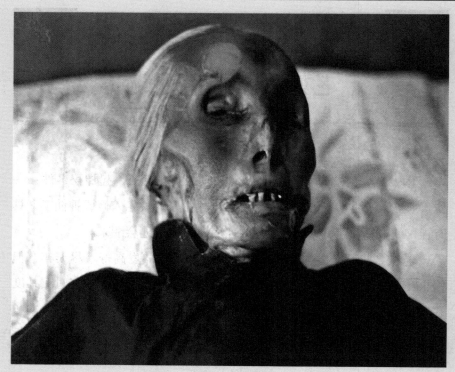

香河老人的遗体

肯定了老人修持所达到的境界，并提出了具体安置意见。他们指出，在世风日下的今天，老人现身说法，她的事迹将教育和鼓舞后人。老人的生平和美德，为今人如何修持树立了楷模。

现在，周凤臣老人的遗体历经多年严寒酷暑的考验，仍在自然条件下停放。盛夏室温高达30℃，相对湿度高达90%，冬季室温降至0℃，但老人遗体丝毫不受影响，至今完好。这给后人留下了一个回味不尽的千古之谜。

500年古尸不腐之谜

2000年8月5日，上海松江区华阳镇的派出所接到一个报警电话，当地农民在平整土地时无意中挖出一具尸体。当民警赶到现场，棺木已经被挖土机刨开，一具尸体脸朝下趴在地上，一身古代装束。死者是名男性，尸体没有腐烂，保存还相当完整。

上海市松江博物馆的工作人员也闻讯赶来。馆员杨坤在寻找古尸随葬品的时候，发现了一个戒牒。戒牒实际上就是颁发给佛教徒、僧侣或者是佛家弟子使用的一种身份证明。当戒牒的持有者云游四方到寺庙里

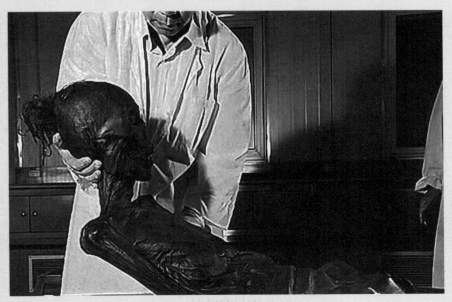

500年不腐的明代古尸

挂单的时候，需要拿出戒牒证明自己僧侣的身份。从戒牒来看，死者名叫杨福信，戒牒是明代正统四年颁发的，也就是1439年。专家们初步推断，这具尸身就是这个戒牒的主人。

既然杨福信生活的年代是元末明初，已经死了500多年，可他的尸身居然没有腐烂，而且在酷暑八月的江南，尸身摸起来居然寒冷如冰，这该怎么解释？

专家们利用各种仪器对杨福信的尸体进行了检测，但是依然没有找到他尸身保持完好的原因。大家开始把考虑的范围从尸体本身扩展到了周围的环境。以前出土的大部分干尸都来自新疆戈壁滩或者是沙漠地区等气候极端干燥的地方。可是杨福信尸身的所在地上海气候潮湿，在这样的环境中，尸身又怎么可能保存下来？

上海自然博物馆研究员徐永庆通过多年研究，提出了一种推断：杨福信的尸体未腐，会不会与下葬的环境有关？于是，专家们将目光集

古尸的发掘

中到杨福信的墓上。

杨福信的墓室采用的是浇浆结构:四壁用青砖砌起,棺椁放入后,再把三合土浆浇注在砖墙与棺椁之间。所谓三合土,是用糯米熬制成浆,再加上石灰、黄土,按照一定比例混合而成的,与现在的水泥相类似。古人用浇浆法给棺材包裹上了一个结实的密封层。

江浙一带的明代墓室中,这样的浇浆结构并不少见,所以专家最初没有特别在意。但他们经过进一步的研究发现:这里的浇浆使用了一种特殊物质———明矾。明矾可以作为一种混凝剂,防止浇浆开裂,从而加强密封性。由于墓室密封、恒温、缺氧,细菌没法繁殖,这就为保存尸体创造了条件。

杨福信尸体不腐的谜团被一步步揭开,但仍然让专家疑惑不解的是,尸体至今保持湿润,这其中又有什么玄机呢?被打开的棺木里面充满了水,当时没有下雨,棺木里的水从哪来?有人猜测那是古人特制的防腐剂,像今天的福尔马林液体一样,尸体泡在里面就不会腐烂。可是,专家查遍了古代文献也没有找到相关记载。

看来,明代古尸500年不腐之谜的真正破解尚需时日,也需要科学家们的进一步努力。

古尸容颜不改之谜

长沙马王堆汉墓出土的女尸

2004年8月，一座距今100多年的清代古墓在重庆九龙坡区华岩镇石堰村被人发掘出来。令人惊奇的是，这具古尸鹤发童颜，保存完好，皮肤尚有弹性，像人睡着了一样，没有一点腐烂的迹象。

从该墓的墓志铭得知，死者生前是清朝总督段正钢。段正钢的墓在石堰村九社一个农民大院子后面的土丘上，是村民杨祥金于一天上午在扩建私房挖地基时发现的。据杨祥金讲，他挖沟约至1米多深时发现了三块高约1米、宽40厘米的石板。这三块石板是用铁片箍在一起的，打开铁片，中间一块是墓志铭，墓志铭两边刻有段正钢的生卒年月及生平，字迹清晰可辨。杨祥金抬开墓志铭以后发现了一个装有棺木的洞穴，便立即向村委会及华岩镇政府汇报。

这位在地下沉睡了100多年的段总督，从头到脚皆被白丝绸裹着，连手指、脚趾均一根一根地缠得严严实实，外着黑色丝棉衣裤。研究人员用剪刀剪开尚未腐烂并能撕得哗哗响的裹尸白绸后，露出了总督尊容——鹤发童颜，脸部一点未烂，眉毛、胡须根根可见，手指、脚趾也未腐烂。其身高1.9米，体重35千克。

目前，这具古尸被冰冻在石桥铺殡仪馆内，人们期待着有关专家早日解开古尸百年不烂之谜。

肉身千年不腐之谜

无际大师（700～790年）是唐代有名的高僧，法名希迁，广东瑞州人，受法于青原行思，与马祖同时说法，一生云游天下，阅历甚广，精通佛学。《参同契》就是他所作。人们称他为"石头和尚"，原因是他43岁云游到南岳，在南山的一块巨石上结庐而居，死后唐德宗赐谥"无际大师"。

据传，790年，石头和尚已91岁高龄，自知不久于人世间，便不再进食，还吩咐僧徒将平时搜集的草药数百种泡制成大汤剂。据称，制好的大汤剂奇香无比。他每天都饮这种汤剂数十次，喝下以后浑身大汗，大小便频繁。僧徒们大感不解，纷纷劝他不要如此。无际大师笑而不答，照旧每日大饮不止。转眼一月有余，他渐减饮量。令人惊叹的是，此时的石头和尚面颊润如枣色，两眼炯炯有神，静坐如钟。一日，他口念佛经，无病而终。

石头和尚的肉身停放月余不腐，且室内溢满香气。门下弟子与地方乡绅特意四处募捐，筹款建造了一座寺庙以纪念他的无量功德，并安置大师肉身于其中，让善男信女烧香供奉。千余年

高僧不腐肉身

来，香火不断。

20世纪30年代，日本牙医渡边四郎无意中知道了无际大师的不朽肉身藏在这座寺庙中。他居心叵测，想尽一切办法毒死了寺庙内的小和尚，偷偷将无际大师的肉身窃移至庙外隐藏。不久，该寺庙被乱兵纵火焚烧，故世人均认为无际大师肉身与寺庙俱毁于大火，无不为之惋惜。

1944年抗日战争末期，日本侵略军加紧掠夺中国的奇珍异宝。这也给渡边四郎偷运无际大师的尸体创造了契机。渡边四郎将石头和尚用掩人耳目的手法装船偷偷运回了日本，又辗转存放于乡下，尔后又存放于东京郊外的一座小山里的地下仓库内。外界无人得知。直到1947年，渡边四郎死后，在清查其遗物时，人们查阅他的日记，这件事才为世人所知。当人们揭去罩在大师身上的黄绸时，只见石头和尚躯体仍是生前盘腿打坐的姿势，保存完好，余香犹存。

1975年6月20日，无际大师肉身供奉于东瀛的消息被香港《快报》披露了。该文称，石头和尚肉身迄今1100余年仍栩栩如生，现供奉在日本横滨市鹤见区曹洞宗总部。但是，为什么无际大师肉身千年不腐？他服食的特别醇香的大汤剂到底是些什么草药？

尧舜禅让之谜

尧是远古时期有名的贤德之君。他不唯亲是举，大力举荐有才干的舜为自己的继任者，这就是历史传说中有名的"尧舜禅让"。但是现在有人开始怀疑这种说法的准确性，毕竟这仅仅是远古流传下来的一个传说，到了春秋时期，才有人把它诉诸文字。所以，关于尧舜之间权力交接的真相，就成了一个千古疑案。

传说中，尧86岁时，觉得自己年老力衰，于是让大家推举贤能的"接班人"，大家一致推举很有威望的舜。尧决定先考验舜，于是把自己的两个女儿娥皇和女英都嫁给了舜，并且派舜到各地去同人们一起干活。他先派舜到历山脚下去种地。舜到那里后化解了农民的矛盾，把生产搞得很好。后来，尧又派舜到河滨去烧制陶器，陶工们在舜的组织下，制作出来的陶器十分精美。总之，舜每到一个地方，人们都愿意跟随他，舜于是拥有了许多私人财产。

经过考验的舜让即将退休的尧很放心。于是择一吉日，尧在京城南郊举行了重大的禅让仪式。尧庄严地把代表权力的皇杖

尧帝画像

交给了舜。

但有人对"尧舜禅让"从根本上进行了否定，认为禅让只不过是被儒家神圣和美化了的精神价值取向，实际上舜是篡夺了尧的大权。史学专家根据《史记》的记载：舜取得了行政管理大权后，曾经进行了一系列的人事改组。例如，舜启用了被尧长期排除在权力中心之外的"八恺""八元"，历史上称之为"举十六相"，这表明舜在扶植亲信。而他把尧的亲信混沌、穷奇、祷杌、饕餮等排出权力中心，历史上称为"去四凶"，这显然是排除异己。这次人事改组后，尧大势已去，他的悲惨命运也就开始了。《括地书》引用《竹书纪

舜帝画像

年》说，尧先被舜软禁起来，后来也不准他同儿子、亲友见面，以此来逼迫他让位，就连尧的儿子丹朱也被放逐到了丹水。

关于尧舜的权力是和平交接，还是被迫让位，向来存在很多猜测。由于没有确切的历史记载，这至今仍是一个谜。

秦始皇有没有"坑儒"？

　　一般认为，焚书坑儒是秦始皇加强专制统治的措施之一。千百年来人们在把这位"千古一帝"指责为暴君时，总忘不了提及"焚书坑儒"。新中国成立后，学术界就秦始皇的评价问题多次展开热烈讨论，其中"焚书坑儒"乃是争论最激烈的一桩公案。实际上，有关"焚书坑儒"的一个基本问题，即秦始皇有没有"坑儒"，仍然存有疑问。

　　据《史记·秦始皇本纪》载，始皇三十四年（公元前213年），秦始皇采纳丞相李斯的建议，下令把秦国以外的史书和民间收藏的《诗》《书》及诸子百家之书，全部烧毁。次年，一些为秦始皇觅求不死仙药的方士，因为旷日持久而没有效验，担心骗术被戳穿，就和一些儒生串通，私下诽谤秦始皇"刚愎自用""专任狱吏""乐以刑杀为威"，认为始皇既然"贪于权势至如此，未可为求仙药"，于是相继逃亡。秦始皇闻讯大怒，令御史迅速查办。方士与儒生遂相互牵连告发，结果查出犯禁者四百六十余人。秦始皇为"使天下知之，以惩后"，将这批人全部坑杀于咸阳，这就是历史上

秦始皇像

"焚书坑儒"的经过。

但有学者提出，秦始皇"焚书"有之，"坑儒"则无，所谓"坑儒"实是"坑方士"之讹。当时秦始皇主要针对方术之士大开杀戒，儒生被坑杀者虽有，但为数不多。从历史上看，儒家在秦朝的地位，比以往大有提高，秦始皇的"坑方士"行动，对秦代儒生的社会政治地位，并未造成大的影响。因此，当时以至汉初的儒家学者，对这一事件都不甚介意，极少有言及者，直至西汉中期人们才有所注意，称之为"坑杀术士"。

西汉始元六年（公元前81年），桑弘羊第一次提出秦始皇"坑儒"的说法，这时距秦始皇去世已有一百多年了。此后，历代儒家学者为了弘扬孔孟"仁义"之说，都把"焚书坑儒"作为反面教材，进行抨击。即便如此，儒学家中仍不乏持保留态度者。如唐代的韩愈、北宋的司马光，均对"坑儒"之说采取回避态度，而称"坑杀术士"，或谓"屠术士"。

可见，秦始皇的"坑儒"并不是一桩"铁案"。也许秦始皇是冤当了中国学术史上的罪人，白白承受了两千多年的唾骂。

雍正篡位称帝？

康熙帝驾崩后，皇四子胤禛即位成为雍正皇帝。雍正是怎样即位的，长期以来有种种传说。有人说，康熙曾手书遗诏传位皇十四子，而雍正串通隆科多等人把"十"字改成"于"字，继了帝位。还有的说，康熙本来就以四子为继承人。史学界对此有以下看法：

第一种观点认为，雍正是谋杀篡位。原因如下：其一，康熙心目中的继承人是皇十四子。这可以从康熙让他在西陲主持军务一事看出。

雍正帝常服像

因为西征之役关系到半壁江山的归属和今后安危的重大问题，必须选择最信任、最有能力的人充当大将军。对十四子的任命是为了提高他的威信，是培养皇太子的决定性环节。其二，康熙驾崩之夕，号呼大声，即无鸩毒之事，亦必突遭大变。

第二种观点认为，根本不存在雍正篡位问题。因为，其一，康熙遗诏是用满文写的，用满文宣读，不可能篡改。其二，隆科多与雍正原非深交，何苦冒险矫诏拥立？其三，皇十四子若是康熙未来的皇储，为何长期滞留边陲？其四，康熙临死前曾命雍正代行郊祀大典，病危时，又将几位皇子和大臣召至御榻前说："四子胤禛，人品贵重，深肖朕躬，必能克承大统，着继朕登基，即皇帝位。"可见，康熙想立的就是雍正。其五，胤禛是在诸皇子夺嫡争储的斗争中即皇帝位的，捷足先登不叫"篡立"。

第三种观点认为，康熙原要在胤禵和胤禛两人中选一位继承人，而最终选了胤禛。胤禵被任命为抚远大将军，说明他是康熙选择的皇太子之一，但未最后选定。否则，为何让他长期滞留边陲？而胤禛在康熙四十八年被晋封为亲王后，在皇子中的地位逐步提高，多次参与祭祀活动，次数之多，居皇子之冠。康熙还让他参与政务，赐给他圆明园和狮子园。他还十分喜欢胤禛之子弘历，称其母是"有福之人"。由此可见，雍正是后来居上的皇太子候选人。

书 目